Thomas Meyer

Sozialismus

Elemente der Politik

Herausgeber:

Hans-Georg Ehrhart
(Institut für Friedensforschung und Sicherheitspolitik
an der Universität Hamburg, IFSH)

Bernhard Frevel
(Fachhochschule für öffentliche Verwaltung NRW, Münster)

Klaus Schubert
(Institut für Politikwissenschaft, Westfälische Wilhelms-Universität Münster)

Suzanne S. Schüttemeyer
(Institut für Politikwissenschaft, Martin-Luther-Universität Halle-Wittenberg)

Die ELEMENTE DER POLITIK sind eine politikwissenschaftliche Lehrbuchreihe. Ausgewiesene Expertinnen und Experten informieren über wichtige Themen und Grundbegriffe der Politikwissenschaft und stellen sie auf knappem Raum fundiert und verständlich dar. Die einzelnen Titel der ELEMENTE dienen somit Studierenden und Lehrenden der Politikwissenschaft und benachbarter Fächer als Einführung und erste Orientierung zum Gebrauch in Seminaren und Vorlesungen, bieten aber auch politisch Interessierten einen soliden Überblick zum Thema.

Thomas Meyer

Sozialismus

VS VERLAG FÜR SOZIALWISSENSCHAFTEN

Bibliografische Information der Deutschen Nationalbibliothek
Die Deutsche Nationalbibliothek verzeichnet diese Publikation in der Deutschen
Nationalbibliografie; detaillierte bibliografische Daten sind im Internet über
<http://dnb.d-nb.de> abrufbar.

1. Auflage 2008

Alle Rechte vorbehalten
© VS Verlag für Sozialwissenschaften | GWV Fachverlage GmbH, Wiesbaden 2008

Lektorat: Frank Schindler

VS Verlag für Sozialwissenschaften ist Teil der Fachverlagsgruppe
Springer Science+Business Media.
www.vs-verlag.de

Das Werk einschließlich aller seiner Teile ist urheberrechtlich
geschützt. Jede Verwertung außerhalb der engen Grenzen des Urheberrechtsgesetzes ist ohne Zustimmung des Verlags unzulässig und
strafbar. Das gilt insbesondere für Vervielfältigungen, Übersetzungen, Mikroverfilmungen und die Einspeicherung und Verarbeitung in
elektronischen Systemen.

Die Wiedergabe von Gebrauchsnamen, Handelsnamen, Warenbezeichnungen usw. in
diesem Werk berechtigt auch ohne besondere Kennzeichnung nicht zu der Annahme,
dass solche Namen im Sinne der Warenzeichen- und Markenschutz-Gesetzgebung als
frei zu betrachten wären und daher von jedermann benutzt werden dürften.

Umschlaggestaltung: KünkelLopka Medienentwicklung, Heidelberg
Druck und buchbinderische Verarbeitung: Krips b.v., Meppel
Gedruckt auf säurefreiem und chlorfrei gebleichtem Papier

ISBN 978-3-531-15445-9

Inhalt

1	**Einleitung**	**7**
	1.1 Überblick	7
	1.2 Zum Begriff Sozialismus	12
2	**Der sozialistische Impuls**	**16**
	2.1 Industrielle Revolution und Proletariat	16
	2.2 Ideen und Orientierungen	17
3	**Der Sozialismus im 19. Jahrhundert**	**21**
	3.1 Frühsozialismus	21
	3.2 Marxismus	30
	3.3 Revisionismus	39
	3.4 Sozialismus und Sozialdemokratie	47
4	**Sozialismus im 20. Jahrhundert**	**50**
	4.1 Die Sozialismus-Kommunismus-Kontroverse	50
	4.2 Revisionistische Diskurse	57
	4.3 Kommunistische Diskurse	67
	4.4 Wegmarken sozialistischer Theorie	77
5	**Die Modernisierung des Sozialismus**	**93**
	5.1 Kommunitarismus	93
	5.2 Sozialismus und Globalisierung	101
	5.3 Dritte-Wege Diskurse	112
	5.4 Theorie der Sozialen Demokratie	119
	5.5 Sozialismus des 21. Jahrhunderts	135
6	**Theorie und Praxis**	**140**
7	**Ausblick**	**148**
	Literatur	**150**

1 Einleitung

1.1 Überblick

Verblassen der Groß-Konzepte

Wie alle Großbegriffe, die politische Ideen und integrierte politische Handlungskonzepte bezeichnen, ist auch der „Sozialismus" spätestens seit der demokratischen Revolution Osteuropas 1989 weitgehend verblasst. Das gilt gleichermaßen für den akademischen Diskurs, die Interventionen der politischen Intellektuellen im öffentlichen Leben und die zentralen, mehrheitsfähigen Akteure der demokratischen Gesellschaften. Nur kleine strukturelle Minderheitsparteien, mittlerweile freilich eine politische Normalität in den Parlamenten fast aller europäischen Ländern, halten an dem Begriff und den Programmen, die ihm entsprechen könnten, fest. Ob der „Sozialismus des 21. Jahrhunderts" des venezolanischen Präsidenten Chavez mehr ist als eine kurzlebige politische Parole, ist offen. Auch wenn Sozialismus als gesamtgesellschaftliches Gestaltungskonzept keine Aussicht mehr zu haben scheint, für die handlungsorientierten politischen Diskurs in Betracht zu kommen, behauptet er sich auf diese Weise dennoch in einer neuen Art von Korrekturfunktion im Zeitalter des globalisierten Kapitalismus. Das gelingt ihm weniger durch die Überzeugungskraft seiner wirtschaft- und sozialpolitischen Gestaltungsansprüche als durch die Erinnerung an das große historische Versprechen einer Gesellschaft der Freien und Gleichen ohne Ausbeutung und Klassenherrschaft, für das er historisch einstand.

Ende der Ideologien?

Das 20. Jahrhundert ist zu Recht als das Jahrhundert der Ideologien bezeichnet worden. Liberalismus, Nationalismus, Kommunismus, Nationalsozialismus, Sozialismus, und in seinen letzten beiden Jahrzehnten die Politische Ökologie haben die großen Konfliktlinien entscheidend geprägt, die seinen Verlauf bestimmten. Schon seit den 1960er Jahren wurde allerdings mit wechselnden Argumenten wiederholt auch das „Ende des Ideologischen Zeitalters" ausgerufen, und nach dem Zusammenbruch des sowjetkommunistischen Regimes im Verlaufe der demokratischen Revolutionen in Osteuropa 1989 sogar das Ende der Geschichte. Dabei verdeckt der schimmernde Begriff der Ideologie entscheidende Differenzen in Anspruch und Charakter der großen Ideen-Systeme, um die es dabei ging. In der

Annäherung an den historischen Begriff des Sozialismus sind mindestens drei höchst unterschiedliche Verwendungsweisen des Ideologiebegriffs zu unterscheiden:

Erstens: Ideologie als die unvermeidliche Interessen- und Standortimprägnierung aller politischen Ideen im Sinne der Wissenssoziologie.

Zweitens: Ideologie als klassenbedingtes falsches Bewusstsein im Sinne der Marxschen Theorie; und

Drittens: Ideologie als wertneutrale Kennzeichnung politisch-philosophischer Groß-Konzepte in umgangssprachlicher Verwendung.

Die großen Ideologien

In diesem Sinne können daher die politischen Großkonzepte des zwanzigsten Jahrhunderts, die in ihrer Epoche Programme machtvoller gesellschaftlicher und politischer Strömungen waren, nicht im gleichen Sinne als Ideologien bezeichnet werden. Ihr Anspruch, ihre Geltungsweise und ihre Realisierungsbedingungen unterschieden sich grundlegend voneinander.

Der politische *Liberalismus* in seiner historischen Gestalt brachte diejenigen politischen Grundnormen und Institutionen hervor, die sich im Verlaufe des zwanzigsten Jahrhunderts als die unhintergehbaren Legitimationsbedingungen politischer Herrschaft unter den kulturellen Bedingungen der Moderne überhaupt erwiesen. Die Geltung der universalistischen Grundrechte, Volkssouveränität, repräsentative Demokratie sowie politischer und kultureller Pluralismus kennzeichnen nicht lediglich eine politische Richtung unter anderen, sondern die Rahmenbedingungen für die Auseinandersetzung aller politischen Gestaltungsansprüche, soweit sie universalistische Legitimationsnormen anerkennen.

Weil *Nationalsozialismus* und *Kommunismus* diese Legitimationsformen grundsätzlich verachteten und sich ihrem Herrschaftsanspruch auf die Wahrheitsgewissheit ihrer Weltdeutung stützten, erwiesen sich beide schon auf der Ebene ihrer Leitideen ohne Einschränkung und erste recht in ihrer darauf basierenden politischen Praxis als illegitime Herrschaftsideologien.

Der *Nationalismus* hingegen war prinzipiell ambivalent. Die europäischen Nationalstaaten wurden in ihrem Ursprung zur Zeit der französischen Revolution als demokratische Willenseinheit derjenigen gesellschaftlichen Kollektive konzipiert, deren Mitglieder ihr politisches Schicksal jeweils gemeinsam selbst bestimmen wollten. Erst der Nationalismus des neunzehnten und zwanzigsten Jahrhunderts überhöht und verzerrt diese Idee zur Vorstellung eines unversöhnlichen Kampfes um Überlegenheit und Macht zwischen den Nationen und wendet die Idee selbst im Inneren der Nationen gegen die Ansprüche von Demokratie und Liberalität. Er erwies sich damit als eine verhängnisvolle politische Überlegenheits-Ideologie.

Der *Sozialismus* hat im Verlaufe des 19. und 20. Jahrhunderts viele Gesichter gezeigt. In seiner demokratischen Hauptströmung, die in den Ländern Westeuropas während des gesamten 20. Jahrhunderts eine zentrale politische Rolle spielte, hat er die politischen Grundwerte der liberalen Demokratie stets rückhaltlos anerkannt. Er verstand sich sogar als deren konsequenter Vollender, da er die sozialen Voraussetzungen für die politische Gleichheit aller Bürgerinnen und Bürger erstrebte und auf diese Weise den bürgerlichen und politischen Grundrechten durch die zusätzliche Gewährleistung sozialer und ökonomischer Grundrechte erst zur vollen Geltung in der gesellschaftlichen Lebensrealität verhelfen wollte.

Soweit in den Theorien und Programmen dieser Ausrichtung die Erwartung eingebettet war, über die politische und soziale Emanzipation hinaus auch noch Versöhnung erreichen zu können, mochte die zugrunde liegende politische Idee durchaus auch eine ideologische Färbung annehmen. Diese blieb aber durch die vorrangige Selbstbindung an die Handlungsbedingungen der liberalen Demokratie stets demokratisch kontrolliert und konnte darum nicht für Zwecke der Herrschaftslegitimation gegen die universellen Grundrechte instrumentalisiert werden.

Die *Politische Ökologie* brachte als eine neue und einflussreiche politische Grundidee dann seit den 1970er Jahren in engagierter Form das weltweite Erwachen des Bewusstseins von der Zerstörbarkeit der natürlichen Voraussetzungen der menschlichen Zivilisation zum Ausdruck. Sie formulierte auf der Basis dieser neuen historischen Krisenerfahrungen die Bedingungen, unter denen allein die nachhaltige Einlösung universalistischer Grundrechte noch denkbar erschien. In dieser Hinsicht ist sie im Ansatz dem sozialistischen Impuls vergleichbar.

In der Abwehr der politischen Programme des Sozialismus und der politischen Ökologie ist die Tradition des politischen Liberalismus von einem einflussreichen Teil seiner historischen Vertreter in der Gegenwart zur politischen Idee des *Libertarismus* transformiert worden, der am ursprünglichen Programm des Liberalismus mit seiner Festlegung auf Eigentum und freien Markt als Verfassung der Freiheit festhält und die Idee sozialer und wirtschaftlicher Grundrechte zurückweist.

Seit den 1970er Jahren hat eine neue Variante antiliberaler und antidemokratischer politischer Ideologie in vielen Teilen der Welt die Bühne betreten, der politische *Fundamentalismus*. Er erhebt den Anspruch, auf der Grundlage religiöser Gewissheitsansprüche eine autokratisch oder gar totalitär verfasste politische Herrschaft begründen zu können, die die

Überwindung aller gesellschaftlichen Widersprüche auf dem Wege einer neuen Art von identitätsorientierter Heilspolitik in Aussicht stellt.

Kontextabhängiger Sozialismus

Kein anderer politischer Großbegriff ist im Verlauf des 20. Jahrhunderts unterschiedlicher gebraucht, widerspruchsvoller bestimmt und in solch leidenschaftlichem Maße auf allen Ebenen des Diskurses, der Wissenschaft, der Öffentlichkeit und der politischen Arena umkämpft gewesen wie der des Sozialismus. Diese vollständige Kontextabhängigkeit brachte es mit sich, dass der Begriff im Grunde immer eines Verwendungsindexes bedurfte, um in seinem jeweiligen Gebrauch und Geltungsanspruch verständlich zu sein. Selbst in Westeuropa hatten kaum zwei Diskutanten dasselbe im Sinn, wenn sie den Begriff verwendeten, und im offiziellen Osteuropa meinte er stets das glatte Gegenteil von dem, worauf sich die westeuropäischen Akteure gegebenenfalls noch einigen konnten.

Obgleich der Begriff bereits in den dreißiger Jahren des 19. Jahrhunderts geprägt wurde, gewann er in seinen unterschiedlichen Verwendungskontexten erst in den ersten Jahrzehnten des 20. Jahrhunderts eine terminologisch bestimmte Bedeutung. In seinen ursprünglichen Verwendungen bei den französischen, englischen und deutschen Frühsozialisten in der Zeit zwischen 1830 und 1848 blieb er nur in einer losen Form auf der normativen und auf der institutionellen Ebene bestimmt. Normativ bezog er sich auf den Bedeutungskreis der gemeinschaftlichen, gesellschaftlichen, solidarischen bzw. kollektiven Lösungen der zentralen gesellschaftspolitischen Probleme der Zeit des Frühkapitalismus im Gegensatz zu den individualistischen Ansätzen des Liberalismus. Er stand für die Einlösung des von der Aufklärung und vom Liberalismus historisch begründeten Gleichheitsversprechens für alle Menschen in ihrer Lebenswirklichkeit. Auf der institutionellen Ebene suchten die „Sozialisten" dementsprechend durch die Eingrenzung oder Überwindung des individuellen Privateigentums an Produktionsmitteln die Bedingungen für eine am gesellschaftlichen Gesamtinteresse orientierte wirtschaftliche, soziale und gesellschaftliche Regulation zu schaffen.

In diesem weiten Rahmen, der aber stets eine deutliche Abgrenzung gegenüber dem Individualismus der liberalen Tradition und dem Autoritarismus und Ungleichheitsdenken der konservativen Tradition enthielt, variierten die Denkmodelle und Handlungsprogramme der Autoren und Akteure, die als sozialistisch galten, im erheblichen Maße. Sie gewannen erst später mit der Gründung sozialistischer Parteien im letzten Drittel des 19. und in den ersten Jahrzehnten des 20. Jahrhunderts festere Konturen. Aber auch in diesem späteren Stadium blieben beträchtliche Unterschiede in den Zukunftsentwürfen und Handlungsprogrammen auch bei denjenigen Parteien und Autoren bestehen, die ausdrücklich den Begriff Sozialismus zur Bezeichnung ihrer Bestrebungen beanspruchten. Gemeinsam war ihnen allen aber stets die Orientierung an einem egalitären Gerechtigkeitsverständnis und an einer demokratisch-staatlichen Regelung der wirtschaftlichen und sozialen Verhältnisse auf dessen Grundlage.

Polarisierung der Begriffe

Eine unversöhnliche Polarisierung in der Verwendung des Begriffs Sozialismus entstand erst durch die Ideologie der kommunistischen Parteien seit deren Gründung nach dem Ende des Ersten Weltkriegs. Auch sie verwendeten weiterhin den Begriff des Sozialismus zur Selbstcharakterisierung, jedoch in einem in den zentralen Aspekten entgegen gesetzten Sinn. Dieser ergab sich aus der von ihnen unter der ideologischen Überschrift „Marxismus-Leninismus" vorgenommenen Kanonisierung der Periodisierung der geschichtlichen Entwicklung im Werk vom Karl Marx. In diesem Rahmen galt „Sozialismus" fortan als die Bezeichnung der historischen Zwischenetappe, die sich nach der Überwindung des Kapitalismus bis zur Erreichung des Kommunismus als Endziel der Geschichte gesetzmäßig ergeben sollte. Diese „sozialistische" Etappe war unter anderem gekennzeichnet durch die Alleinherrschaft der jeweiligen kommunistischen Parteien, die schrittweise Verstaatlichung des Produktionsmitteleigentums und die Einführung einer zentralistischen Planwirtschaft.

In diesem Verständnis bildete „Sozialismus" als ein politisches System der kommunistischen Parteiendiktatur verbunden mit staatlicher Planwirtschaft den nahezu idealtypischen Gegensatz zum demokratischen Sozialismus der sozialistischen und sozialdemokratischen Parteien, die mit demselben Leitbegriff gerade die Vorstellung eines Prozesses der zunehmenden Demokratisierung aller gesellschaftlichen Bereiche im Rahmen der rechtsstaatlichen pluralistischen Demokratie verstanden. Wie dies am wirkungsvollsten geschehen könnte, blieb bei den Parteien, Gruppierungen und Autoren, die für dieses Konzept standen, stets umstritten. Dennoch teilten so gut wie alle Autoren dieser Tradition fünf zentrale Überzeugungen:

Demokratischer Sozialismus

⇨ Egalitäres Gerechtigkeitskonzept.
⇨ Unbedingte Akzeptanz der rechtsstaatlichen Demokratie.
⇨ Umfassende sozialstaatliche Sicherung aller Bürgerinnen und Bürger.

⇨ Sozialverträgliche Einschränkungen oder Überwindung des Privateigentums.
⇨ Gesellschaftliche Einbettungen und politische Regulation des Wirtschaftssektors.

Mit der Spaltung der sozialdemokratischen Arbeiterbewegung in einen kommunistischen und in einem sozialdemokratischen Flügel seit den frühen 1920er Jahren, bürgerte sich in weiten Teilen der Welt für die freiheitliche Variante der gemeinsamen Ursprungstradition die Bezeichnung „*Demokratischer Sozialismus*" ein. Seit den 1960 er Jahren wurde das in den kommunistischen Diktaturen errichtete Gesellschaftssystem von dessen Sachwaltern im Gegensatz dazu als „*real existierender Sozialismus*" bezeichnet.

1.2 Zum Begriff Sozialismus

Substanzielle Bedeutung

Jede Darstellung des Sozialismus begegnet einer prinzipiellen Schwierigkeit der Terminologie und zwar umso mehr, je näher sie an die Gegenwart rückt. In gewisser Weise war die Frage der Terminologie jedoch während der ganzen Geschichte des Sozialismus umstritten. Damit ist keine nachgeordnete, sondern eine durchaus zentrale Frage des Themas berührt. Schon in der Mitte des 19. Jahrhunderts klagte *Karl Marx* darüber, dass mit dem Begriff „Sozialismus" auch schwache Formen gesellschaftlicher Solidarität bezeichnet werden, die selbst im Rahmen der bürgerlichen politischen Philosophie ihren Platz finden können. Auch deshalb wählte er den Begriff „Kommunismus" als Programmwort für das gemeinsam mit Friedrich Engels verfasste *Manifest der Kommunistischen Partei* von 1848. Lange Zeit blieb auch diese sprachliche Differenzierung fließend, denn auch zu Beginn des 20. Jahrhunderts konnte der Revisionist *Eduard Bernstein* von „unseren kommunistischen Prinzipien" sprechen, wenn er sich auf genossenschaftlich-gesellschaftliche Formen solidarischer Wirtschaftsorganisation berief.

Diejenigen europäischen Sozialdemokraten, die bis ins letzte Drittel des 20. Jahrhunderts daran fest hielten, das sozialistische Transformationsprojekt der umfassenden Demokratisierung von Wirtschaft und Gesellschaft zu verfolgen, hatten sich mit zunehmender Konsequenz schon seit der Gründung der kommunistischen Bewegung mit ihrem in den Kernfragen entgegen gesetzten Sozialismusverständnis in der Hoffnung auf eine möglichst klare Abgrenzung dazu als „demokratische" oder „freiheitliche" Sozialisten bezeichnet. Ihr Hauptstrom hielt, wie beispielhaft die französischen und spanischen Sozialisten, bis in die 1970er und 80er Jahre hinein an der Auffassung fest, Kern der sozialistischen Vorstellungswelt müsse stets eine institutionell eindeutige Form der gesellschaftlich organisierten Verfügungsgewalt über die Produktionsmittel und die maßgeblichen Wirtschaftsentscheidungen sein.

Allerdings bestanden in dieser Hinsicht in der Phase nach dem 2. Weltkrieg kaum noch präzise und realisierungsfähige institutionelle Vorstellungen. Paradigmatisch in dieser Hinsicht war die berühmte *Clause Four* im Parteistatut der britischen Labourparty, der zufolge die Vergesellschaftung der Produktionsmittel als unaufgebbare Kernforderung dieser Partei gleichsam auf alle Zeiten festgeschrieben war. Sie konnte dann erst in einem fast als Revolution wahrgenommenen Akt durch radikale Parteireformer des „Dritten Weges", vor allem Tony Blair, 1997 zu den Akten gelegt werden.

Sozialdemokraten und Sozialisten

Politische Akteure traditionalistischer Ausrichtung und wissenschaftliche Beobachter versuchten in den 1970er und 1980er Jahren einen klaren Trennungsstrich zwischen „Sozialdemokraten" und „Sozialisten" innerhalb der westlichen demokratisch sozialistischen Akteure zu ziehen, deren Parteien alle gleichermaßen Mitglieder der Sozialistischen Internationale waren und sich folglich auf das in deren Prinzipienerklärung formulierte revisionistisch-reformistische Grundsatzprogramm verständigt hatten. Freilich blieb dieser Versuch fragwürdig, da die Übergänge zwischen diesen Richtungen zu allen Zeiten fließend waren und das Verhältnis zwischen programmatischen Deklarationen und dem Charakter der politischen Praxis der betroffenen Parteien beträchtliche Unterschiede aufwies. So war etwa die britische Labour Party trotz ihrer sozialistischen Clause Four seit langem in ihrer politischen Praxis eine eindeutig reformistisch-revisionistische Partei.

Aufschlussreich in dieser Hinsicht ist auch die deutsche Sozialdemokratie mit ihrem Godesberger Programm von 1959. Es wurde als ein Paradigmen-Wechsel verstanden, mit dem die Partei von ihren traditionellen Vergesellschaftungsforderungen zu Gunsten eines pragmatischen Umgangs mit Privateigentum an Produktionsmitteln und Marktwirtschaft Abschied nahm. Worauf es künftig ankommen sollte, war allein noch die Sozialbindung des Privateigentums an Produktionsmitteln und die Rahmenplanung des Marktgeschehens, jedoch nur im äußersten Falle, wenn alle anderen Kontrollmittel versagen, eine geeignet erscheinende Form der Vergesellschaftung für Teilbereiche der Wirtschaft. Wobei auch diese Formel lediglich noch eine symbolische Brücke zur eigenen Programmtradition darstellte und keineswegs als Richtschnur für die aktuelle Wirtschafts- und Gesellschaftspolitik der Partei dienen sollte.

Gleichwohl legten sowohl die Verfasser dieses Programms wie auch die Führung der Partei und erst recht die große Mehrzahl ihrer Mitglieder größten Wert auf die Feststellung, dass das Programm ein Projekt des „demokratischen Sozialismus" sei. Aus den eigenen Reihen gab es an der Berechtigung dieser Entscheidung nur sehr vereinzelten Zweifel, während Sozialwissenschaftler und zivilgesellschaftliche Aktivisten, die den alten Traditionen aus unterschiedlichen Gründen verhaftet blieben oder aus anderen wissenschaftlichen Überzeugungen diesen großen Reformschritt als eine Preisgabe der Tradition betrachteten. Manche Vertreter von Schwester-Parteien aus der Sozialistischen Internationalen bekundeten, dass mit diesem Programm ohne zentrale Vergesellschaftungsforderung das Spektrum sozialistischer Theorie und Programmatik unwiderruflich verlassen worden sei.

Politische Semantik

Tatsächlich ist es in letzter Instanz selbst nur eine politische Entscheidung, ob und gegebenenfalls wo eine klare Grenze zwischen der überwiegenden Marktsteuerung und dem politischem Primat über die Märkte gezogen werden kann, die liberale Vorstellungen der Marktdominanz von der sozialen Alternative prinzipiell trennt, so dass letztere den Anspruch auf den politischen Großbegriff des „Sozialismus" unanfechtbar erheben kann. Eindeutig unterscheidbare politisch-ökonomische Institutionen der makroökonomischen Steuerung spielen jedenfalls seit den 1970er Jahren in Theorie und Programmatik der Parteien des demokratischen Sozialismus keine entscheidende Rolle mehr.

Mittlerweile ist an die Stelle des traditionellen Dualismus von „bürgerlichen" und „demokratisch-sozialistischen" Positionen in der wissenschaftlichen Theorie und der parteipolitischen Programmatik die demokratietheoretische Gegenüberstellung von *libertärer* und *sozialer Demokratie* getreten. Sie orientiert sich an der Anerkennung und Konstitutionalisierung der sozialen und ökonomischen Grundrechte als unterscheidendem Kennzeichen sozialer Demokratie und einigen auf sie bezogenen komplexen institutionellen Arrangements wie der marktwirtschaftlichen Koordination und dem inklusions-sichernden Sozialstaat. Institutionen einer Sozialen Demokratie von dieser Art entziehen sich aber weitgehend einer dualistischen Entgegensetzung und unterscheiden sich von ihren libertären Alternativen nur noch graduell.

Die Grenzen zwischen der klassischen Tradition des Sozialismus und der Vorstellungswelt des *Sozialliberalismus* sind fließend geworden. In einem breit gewordenen Grenzbereich ist es darum zu einer Frage der Selbstzuschreibung der jeweiligen verantwortlichen Akteure geworden, ob sie das von ihnen verfochtene Projekt der Tradition des demokratischen Sozialismus zurechnen und damit auch an der entsprechenden Terminologie festhalten wollen oder ob sie den semantischen Bezugsrahmen der Sozialen Demokratie und des sozialen Liberalismus für angemesser halten, um die Zielrichtung ihrer Ideen und Vorhaben in der akademischen Debatte oder im öffentlichen Raum angemessen kommunizieren zu können.

Sozialismus und Soziale Demokratie

Die Beantwortung der damit gestellten politisch semantischen Frage ist innerhalb der wissenschaftlichen Theorie ebenso wie in einigen der sozialdemokratischen europäischen Parteien weiterhin umstritten. Von der Antwort auf sie hängt es freilich ab, ob die Geschichte der sozialistischen Theorie und ihrer organisatorischen Praxis im Wesentlichen als beendet betrachtete wird oder im Hinblick auf ihre revisionistisch-reformistischen Erben als ein fortgeltend aktuelles Projekt. Angesichts dieser Sachlage sprechen gute Gründe für die in diesem Buch vertretene Position, Theorie und Praxis der *Sozialen Demokratie* als legitime Fortsetzung der Traditionen des demokratischen Sozialismus anzusehen. In diesem Sinne sind Theorie und Praxis des Sozialismus nicht an ihr Ende gelangt. Sie können in zentralen gesellschaftlichen und wirtschaftlichen Problembereichen fortwirkend den Anspruch erheben, Antworten auf die großen Herausforderungen der Zeit zu bieten. Das gilt besonders für die durch die Globalisierung der Märkte aufgeworfenen neuen Fragen im Hinblick auf Demokratie und soziale Inklusion. Auch wenn nunmehr die orientierende Kraft der alten Terminologie des „Sozialismus" an ihr Ende gelangt scheint, die maßgeblichen Impulse, für die sie im zwanzigsten Jahrhundert einstand, sind es nicht.

2 Der sozialistische Impuls

2.1 Industrielle Revolution und Proletariat

In einem gewissen Sinne sind die praktischen und die theoretischen Impulse, die zur Herausbildung des modernen Sozialismus geführt haben, gleich ursprünglich. Die industrielle Revolution setzte im letzten Drittel des 18. Jahrhunderts in den am weitesten fortgeschrittenen Wirtschaftsnationen Europas, erst in England, dann in Belgien und Frankreich, später in Deutschland ein. Mit der Einführung der Dampfmaschine, des Webstuhls und der mechanischen Spinnmaschine ermöglichte sie die rasche und rapide Ausweitung des traditionellen Manufakturwesens zu einem System immer größer werdender Werkstätten und Fabriken. In manchen europäischen Regionen, vor allem Frankreichs und Deutschlands, entstand ein Verlagswesen, das die Anwendung der neuen Technologien, vor allem Spinnmaschinen und Webstühle in Heimarbeit ermöglichte und organisierte.

Die Beendigung von Hörigkeit und Frondienstwesen überall in Mittel- und Westeuropa zu Beginn des neunzehnten Jahrhunderts hatte den eigentumslosen Teilen der Gesellschaft neue Freiheiten gebracht. Für die mobil werdenden Unterschichten schufen sie eine Voraussetzung, um als freie und formell unabhängige Lohnarbeiter zu den neu entstehenden industriellen Produktionsstätten zu ziehen, damit sie dort ihren Lebensunterhalt fristen konnten. So entstanden in den Industrieregionen in den Jahrzehnten des Frühkapitalismus rasch wachsende Ballungszentren des neuen Industrieproletariats.

Die neu gewonnene Freiheit der Lohnarbeiter hatte zwei Seiten. Sie hatten nun die Möglichkeit, mit ihren Familien dorthin zu ziehen, wo sie sich Arbeit und Lebensmöglichkeiten erhofften. Sie verloren aber auch den Schutz der alten „moralischen Ökonomie", der, wenn auch auf niedrigstem Subsistenzniveau, bis dahin durch die Schutzpflichten ihrer Grundherren oder ihrer Wohngemeinde verbürgt war. Ihre Schutz- und Machtlosigkeit auf der einen Seite und das nun bedingungslos werdende Gewinnstreben der neuen Unternehmerklasse führten in allen europäischen Ländern in den Ballungszentren des aufstrebenden Industriekapitalismus zu Massenelend, krassen Formen der Ausbeutung, verursacht durch Niedrigstlöhne, überlange Arbeitstage, nicht selten 14 oder 16 Stunden, Kinderarbeit sowie einen Mangel an Bildungschancen und unwürdigen Wohngelegenheiten. Arbeiterproteste, Streiks und anfänglich Maschinenstürmerei waren frühe Formen des Protestes gegen diese Arbeits- und Lebensbedingungen, die sich seit den 1820er Jahren häuften.

Protestbewegung und Arbeiterorganisation

Obgleich zumeist existentiell motiviert, nämlich aus Gefährdung der Voraussetzungen menschlichen Lebens, wurde das Selbstbewusstsein der Protestierenden zunehmend auch durch andere Faktoren genährt, deren Zusammenwirken die zunächst vereinzelten frühen Proteste der Industriearbeiter allmählich zu einer großen sozialen Bewegung werden ließen. Diese eröffnete seit der Mitte des neunzehnten Jahrhunderts eine neue Hauptkonfliktlinie in den kapitalistischen Industriegesellschaften und prägte deren Gesicht fortan. Der wichtigste dieser Faktoren bestand in der Zusammenballung großer Zahlen von Menschen, die dasselbe Schicksal teilten, gemeinsame Arbeits- und Lebenserfahrungen machten und ihre Erfahrungen im ständigen engen Kontakt miteinander austauschen konnten.

Damit waren die Voraussetzungen für kollektive Erfahrungen, Bewusstseinsentwicklung und Organisationsformen und für gemeinsames Handeln gegeben. Zum eigentlichen Organisationskern der selbstbewussten Strömungen sozialistisch orientierter Arbeiter wurden an den meisten Orten Europas Handwerker, die auf ihren Wanderungen von Ort zu Ort vielfältige neue Ideen und Anregungen aufgreifen und Erfahrungen weiter tragen und damit an der Herausbildung eines die einzelnen Standorte übergreifenden gemeinsamen neuen Bewusstseins mitwirken konnten. Sie waren auch die Mittler für die zunehmende Wirksamkeit der beiden anderen Faktoren, die nun ins Spiel kamen. Zum einen die Erinnerung an jene moralische Ökonomie der vorkapitalistischen Zeit, in der die lokalen Grundherrschaften oder Gemeinwesen die Verpflichtung eingegangen waren, für die Lebensbedingungen auch der Ärmsten im Notfalle einzustehen. Zum anderen das große Versprechen der von den Ideen des politischen Liberalismus geprägten neuen Zeit, eine Ordnung zu begründen, in der die Prinzipien der Freiheit, Gleichheit und Brüderlichkeit, wie die französische Revolutionsparole sie proklamiert hatte, die Beziehungen der Menschen unter einander regeln sollte.

2.2 Ideen und Orientierungen

Teils mit moralischen Argumenten, teils durch die Berufung auf das egalitäre Versprechen des Liberalismus, teils aber auch mit christlich geprägten Appellen an menschliche Gleichheit und Verantwortung wurde der spontane Protest von Arbeitern und Handwerkern seit den 1820er und 30er Jahren auf einen politischen Begriff gebracht, der die Legitimationsgrundlagen der neu entstehenden Ordnung nun für die eigenen Belange in Anspruch zu nehmen begann. Nicht zufällig ereigneten sich daher die ersten großen Protestwellen der modernen Industriearbeiterschaft und die ersten großen Entwürfe einer sozialistischen Alternative zu den bestehenden Verhältnissen in den 1820er und 30er Jahren etwa gleichzeitig und traten in der Folgezeit in eine immer enger werdende Verbindung miteinander.

Gewerkschaftliche Zusammenschlüsse, politisch orientierte Handwerkerbünde, Arbeiterbildungsvereine und auf den Umsturz der bestehenden Verhältnisse gerichtete politische Verbände, die Ländergrenzen zu überschreiten begannen, wie der Bund der Geächteten, der Bund der Gerechten und schließlich der Bund der Kommunisten in den 1830er und 40er Jahren, verdichteten die entstehenden Wechselwirkungen zwischen der praktischen Protestbewegung und dem sozialistischen Denken. Gewerkschaften, häufig mit einer an der sozialistischen Vorstellungswelt geschulten längerfristigen Orientierung, aber auf die Verbesserung der Arbeits- und Lebensbedingungen des Tages gerichteten Praxis, entstanden in dieser Zeit in allen europäischen Ländern, in denen Verbote dies nicht verhinderten.

In dieser Frühphase war die im Entstehen begriffene europäische Arbeiterbewegung von großen Ungleichzeitigkeiten und Unterschiedlichkeiten in den Organisationsmustern geprägt. Während etwa in Großbritannien Gewerkschaften schon in den 1830er und 40er Jahren entstanden und politische Forderungen, vor allem das gleiche Wahlrecht, verfechtende Verbände, wie die *Chartisten*, schon um die Mitte des Jahrhunderts aktiv waren, entstand die sozialistische Labour Party erst an der Schwelle zum zwanzigsten Jahrhundert. In Deutschland hingegen wurden die schon im Kontext der 1848er Revolution entstandenen Gewerkschaften und politischen Organisationen für längere Zeit verboten. Nach kurzer Unterbrechung schon entstanden dann in den 1860er Jahren zielbewusste sozialistische Parteien, die ihrerseits dazu übergingen, Gewerkschaften zu gründen.

In den Ländern Südeuropas bildeten sich Gewerkschaften und sozialistische Parteien in diesem Zeitraum oft gleichzeitig und nebeneinander heraus und kooperierten in länderspezifischen Formen mit einander. An der Schwelle zum 20. Jahrhundert gab es in allen europäischen Ländern sozialistische Arbeiterparteien mit einer eindeutig sozialistischen Orientierung, fast durchweg am marxistischen Modell geschult. Viele der neu entstehenden Gewerkschaften folgten ihnen darin. In abgesprochener oder spontaner Arbeitsteilung innerhalb der Arbeiterbewegung konzentrierten sich die Gewerkschaften auf den täglichen Kampf um die Verbesserung der Arbeits- und Lebensbedingungen der arbeitenden Bevölkerung, während die sozialistischen Parteien innerhalb und außerhalb der Parlamente das langfristige Ziel der Erschaffung einer sozialistischen Gesellschaft verfochten.

Neben diesen beiden Organisationsformen bildete sich in fast allen europäischen Ländern eine breite Palette von Arbeiterkulturvereinen heraus, die ihre Aufgabe teils darin sahen, der von den Hochkulturen ihrer Länder ausgeschlossenen Arbeiterklasse einen eigenen Zugang zu ihr zu verschaffen und teils an alternativen Formen einer eigenständigen Arbeiterkultur teilzuhaben. Literatur, Musik, Theater und Sport, aber auch alternative Lebensformen und Rituale wie die Jugendweihe waren ihre Themen. In Deutschland spielten sie bis zu ihrer Zerschlagung durch den Nationalsozialismus in den 1930er Jahren für zahlreiche Arbeiter eine lebensprägende Rolle, in einigen skandinavischen Ländern, vor allem Finnland, bis ins letzte Drittel des 20. Jahrhunderts hinein.

Die Arbeiterbewegung

Die vier Säulen

- ⇨ Politische Parteien
- ⇨ Gewerkschaften
- ⇨ Genossenschaften
- ⇨ Arbeiterkulturvereine

Theorie und Praxis

Die sozialistische Theorie, lange Zeit vor allem in Gestalt des von Karl Marx und Friedrich Engels entwickelten „wissenschaftlichen Sozialismus" bildete nicht nur die Grundlage der Programmatik der Parteien der Arbeiterbewegung, sie lieferte auch einen weiten und anspruchsvollen Sinnhorizont für alle anderen ihrer Organisationen und vermittelte der Mitgliedschaft Orientierung, Selbstbewusstsein und Lebenssinn, nicht selten mit deutlich ausgeprägten ersatzreligiösen Zügen. Die Geschichte selbst mit ihrem unausweichlichen Endziel und dem tieferen Sinn ihrer ganzen bisherigen Entwicklung schien mit den Zielen der Arbeiterbewegung im Bunde. Die sozialistische Theorie hatte als Weltanschauung folglich eine viel weitergehende Bedeutung für die Organisationen der Arbeiterbewegung und ihre Mitglieder als den einer bloßen Anleitung zum praktischen Handeln. Das bestimmte bis hinein in die akademischen Debattenzirkel stets den Umgang mit ihr und ihren Kritikern, aber auch mit jedem Versuch ihrer Modernisierung in gegebener Lage.

Die Arbeiterbewegung im weiten Sinne hat daher in Europa zu jedem Zeitpunkt, wenn auch in unterschiedlichen Maßen jene sozialistischen Ideen und Theorien mitgeprägt, die von Intellektuellen in ihren eigenen Reihen und den Sympathisanten und Wegbegleitern an Universitäten und

Instituten erarbeitet, verteidigt oder kritisiert wurden. Die sozialistische Theorie wäre ohne den Resonanzboden und Sinnhorizont der praktischen Arbeiterbewegung nicht möglich gewesen, während diese ohne die theoretische Arbeit der Wissenschaftler und Intellektuellen das Selbstbewusstsein, die Orientierungskraft, den Zusammenhalt und die starke Motivation nicht gefunden hätte, durch die sie im 20. Jahrhundert geprägt war und ihrerseits das Jahrhundert mitzuprägen vermochte.

Literatur

Die vollständigen Titelangaben finden sich im Gesamtliteraturverzeichnis

Grebing, Helga 2007

Vester, Michael 1989

3 Der Sozialismus im 19. Jahrhundert

3.1 Frühsozialismus

Pluralistische Anfänge

In England und Frankreich, den industriell und politisch am weitesten vorangeschrittenen Ländern Europas, meldeten sich schon seit den 1820er und 30er Jahren Theoretiker in öffentlich wirkungsvoller Weise zu Wort, die einen sozialistischen Gegenentwurf zur frühkapitalistischen Wirtschaftsweise propagierten und in teils anspruchsvollen theoretischen Schriften begründeten. Zu ihnen gehörten neben anderen so unterschiedliche Persönlichkeiten wie *Robert Owen* (1771-1858) in England, *Henri de Saint-Simon* (1760-1825) und *Charles Fourier* (1772-1837) in Frankreich und etwas später *Wilhelm Weitling* (1808-1871) in Deutschland. Es waren trotz der beträchtlichen Unterschiede in der Begründung, dem Denkstil und ihrem jeweiligen Gegenentwurf zu den bestehenden kapitalistischen Gesellschaftsverhältnissen vor allem drei Gemeinsamkeiten, die diesen politischen Philosophen in der Frühphase des europäischen Sozialismus später die gemeinsame Bezeichnung als „utopische" Sozialisten einbrachte:

Frühsozialismus

⇨ Offene Begründung des sozialistischen Anspruchs aus politischen und moralischen Normen, vor allem der Gleichheit und Solidarität.
⇨ Konstruktive Projektion neuer sozialistischer Organisationsmodelle für Wirtschaft und Gesellschaft, weitgehend abgelöst von politischen Massenbewegungen, die für deren Umsetzung politisch einstehen könnten.
⇨ Ausmalung der erstrebten neuen Gesellschaftsmodelle bis hin zu Nuancen des Arbeits- und Lebensalltags in phantasievollen Konstruktionen.

Als herausragende Vertreter dieses Frühsozialismus wurden in der nachfolgenden Tradition der europäischen Arbeiterbewegung und der sozialistischen Theoriebildung mit wissenschaftlichem Anspruch stets der englische Unternehmer Robert Owen, die französischen Denker Henri Saint-Simon und Charles Fourier und der deutsche Arbeiter-Philosoph Wilhelm Weitling verehrt. Gleichermaßen war es ihnen um die endgültige Überwindung von gesellschaftlichen Privilegien, Arbeiterelend, gesellschaftlicher

Ungleichheit und Unmündigkeit sowie, um all das zu ermöglichen, die bestmögliche und rascheste Entfaltung der wirtschaftlichen Produktivkräfte der Gesellschaft zu tun. In ihren praktischen Vorschlägen, wie diese gemeinsam geteilten Ziele am besten erreicht werden könnten, unterschieden sie sich aber in erheblichem Maße.

Maßgebliche Denker

Henri de Saint-Simon setzte vor allem auf die ungehinderte Durchsetzung der industriellen Entwicklung gegen alle noch bestehenden feudalistischen Privilegien und gesellschaftlichen Beschränkungen. Der industrielle Fortschritt selbst, befreit von allen besonderen gesellschaftlichen Privilegien, würde die gesellschaftlichen Ungleichheiten abbauen, dem Leistungsprinzip zunehmend zum Durchbruch verhelfen und damit die Teilhabe aller am gesellschaftlichen Wohlstand und am sozialen Leben nach Maßgabe ihrer Leistungen ermöglichen.

Charles Fourier ging einen entscheidenden Schritt darüber hinaus und konzentrierte seinen Entwurf auf die radikale Umgestaltung der kapitalistischen Produktionsweise selbst. An die Stelle des individualistischen Privateigentums an Produktionsmitteln und der freien Konkurrenz der einzelnen Unternehmer miteinander sollten Großgenossenschaften auf der Basis eines gemeinsam geteilten Eigentums an den Produktionsmitteln treten. Diese sollten nicht nur die Teilhabe aller Produzenten an den Entscheidungen und Produkten der gemeinsamen Arbeit gewährleisten, sondern die Gestaltung der Arbeit und selbst des Zusammenlebens nach einem gemeinsamen Plan, der allen die Teilhabe am wirtschaftlichen Wohlstand und die bestmögliche Entfaltung ihrer individuellen Kräfte ermöglichen sollte.

Robert Owen sah gleichfalls in der Gründung und Ausbreitung von Produktionsgenossenschaften das entscheidende Instrument zu Erlangung gesellschaftlicher Gleichheit und zur Teilhabe aller am gesellschaftlichen Reichtum. Im Unterschied zu Fourier war es ihm aber nicht so sehr um die Überwindung des Privateigentums als Bedingung der Ermöglichung wirtschaftlicher und gesellschaftlicher Planung zu tun. Es ging ihm um die Gleichheit der Rechte und der Teilhabe aller Produzenten am wirtschaftlichen Leben und seinen Früchten. Im Maße wie die Produzenten in ihren jeweiligen Genossenschaften zu Mitunternehmern ohne Privateigentum werden, könnten nach dieser Vorstellung die gesellschaftliche Klasseneinteilung und damit auch soziales Elend und der Ausschluss der Ärmsten aus Gesellschaft und Kultur verhindert werden. Owen initiierte und organisierte selbst die Gründung von Genossenschaften und ganzer Genossenschaftsdörfer im Sinne seiner Ideen.

Wilhelm Weitling war der Verfasser der ersten sozialistischen Programmschrift für den „Bund der Gerechten". Er wollte gesellschaftliche und wirtschaftliche Gleichheit durch eine einheitliche Planung des Produktions- und Verteilungsprozesses garantieren. Er erstrebte eine Art kooperativer Planwirtschaft, in der die Freiheit und Teilhabe an den Entscheidungen mit Gleichheit der Rechte und Lebenschancen verbunden werden sollten. Mehr noch als anderen Frühsozialisten legte er Wert auf eine universalistische Begründung sozialistischen Zielsetzung, um sie als ein legitimes gesamtgesellschaftlichen Projekt zu verankern. Eindringlich appellierte er an das christliche Verständnis der Gleichheit der Menschen und ihrer gegenseitigen Verantwortung füreinander, zog aber auch Argumente der klassischen Philosophie heran.

Leitideen des Frühsozialismus

Es waren also vor allem drei Leitideen, die die Frühsozialisten mit wachsender Resonanz in der entstehenden Arbeiterbewegung gegen den Früh-Kapitalismus dieser Zeit und den ihn begründenden individualistischen Liberalismus zur Geltung brachten:

Erstens die Schaffung von Bedingungen, die das ungehinderte Voranschreiten der industriellen Entwicklung gegen die Privilegien der alten Gesellschaft gewährleisten sollten. *Zweitens* die Überwindung des freien Privateigentums an Produktionsmitteln durch neue Formen gemeinschaftlichen Eigentums, sei es in Form von einzelnen oder übergreifenden Genossenschaften, sei es in Form von gesellschaftlichem Gemeinbesitz. *Drittens* die Vorstellung einer Überwindung des ruinösen ökonomischen Konkurrenzkampfes durch gesellschaftlich abgestimmte, von den Produzenten gemeinsam verantwortete Formen der Wirtschaftsplanung und Zusammenarbeit in der Produktion.

Implizit oder explizit, je nach dem Argumentationsschwerpunkt der frühsozialistischen Theoretiker, stand dabei nie im Zweifel, dass das sozialistische Projekt keinem anderen Zwecke dienen sollte, als dem, das Freiheits- und Gleichheitsversprechen der Aufklärung und des politischen Liberalismus tatsächlich für alle Menschen wirksam werden zu lassen.

Die Frühsozialisten teilten die Auffassung, dass dafür die Konzepte und Instrumente des Wirtschaftsliberalismus mit seiner Fixierung auf das freie Privateigentum und die Macht der Märkte zugunsten neuer Formen gesellschaftlicher Verantwortung und gesellschaftlicher Organisation überwunden werden müssten. Im Hinblick auf die Wege der Verwirklichung der gemeinsam geteilten Zielsetzungen herrschte in der Theoriewelt dieser Frühperiode des Sozialismus ein ausgeprägter Pluralismus vor, ein Wettbewerb der Ideen, Konzepte und Vorschläge.

Im Nachhinein kann dieser Wettbewerb der unterschiedlichen Vorschläge und Modelle kaum als eine Schwäche des frühsozialistischen Denkens betrachtet werden. Einerseits handelte es sich in diesem Zeitraum zunächst um allererste Entwürfe für wirtschaftliche und gesellschaftliche Alternativen, nachdem das wirtschaftsliberale Konzepte in der Praxis seine Widersprüche bloßgelegt hatte. Andererseits hat die gesamte nachfolgende Geschichte der sozialistischen Theorie und Praxis dann unzweideutig belegt, dass außer in den Phasen dogmatischer Monopolbildungen in Teilen der Bewegung und in bestimmten Diskursmilieus, immer Raum für einen weit ausgefächerten Pluralismus der praktischen Ideen der Umsetzung der sozialistischen Gleichheitsvorstellungen bestand.

Der Anspruch auf Patentrezepte oder auf eine Einheitlichkeit des Denkens aus vermeintlich wissenschaftlicher Eindeutigkeit, der in der Arbeiterbewegung eine Zeit lang als die spezifische Überlegenheit über den Frühsozialismus galt, hat sich hingegen stets als Sackgasse erwiesen und konnte erst überwunden werden, nachdem beträchtliche Opfer erbracht worden waren.

Eine Brückenstellung zwischen dem Frühsozialismus und des später zur sozialistischen Klassik erklärten Denkens von *Karl Marx* und *Friedrich Engels* nahm in Deutschland der Rechtsgelehrte und Philosoph *Ferdinand Lassalle* ein. Als Anhänger der Hegelschen Geschichtsphilosophie verfocht er die Vorstellung, dass die Ideen der Freiheit und Gleichheit selbst gerade wegen der negativen Erfahrungen des Frühkapitalismus unwiderstehlich zur dominanten gesellschaftlichen Macht werden würden, weil die Widersprüche zwischen der gesellschaftlichen Realität und der sittlichen Ideen der modernen Zeit machtvoll dazu drängten.

Die sittliche Idee des Bürgertums, das jede willkürliche Beschränkung des Individuums ein Unrecht sei, weil jede Person das gleiche Recht auf die ungehinderte Selbstbetätigung ihrer Kräfte habe, dränge über sich selbst hinaus. Denn die Erfahrung des Frühkapitalismus mache ja deutlich, dass Unterschiede im Besitz und in den individuellen Anlagen sich als ebenso mächtige Hindernisse für die gleichberechtigte Entfaltung der Individuen erweisen, wie ehedem die gesellschaftlich-ständischen Begrenzungen durch Geburt.

Diesen Selbstwiderspruch in der „sittlichen Idee der Bourgeoisie" kann nur die „sittliche Idee des Arbeiterstandes" überwinden. Die Gleichheit der ungehinderten Selbstbetätigung der Kräfte des Individuums, also der Freiheit, bleibt die Grundlage auch für die sozialistische Gesellschaftsalternative. Aber sie verlangt neue Wege der wirtschaftlichen und gesellschaftlichen Organisation:

Ferdinand Lassalle: *Die Sittliche Idee des Arbeiterstandes.*

„Da aber diese Gleichheit nicht stattfindet, noch stattfinden könne, da wir nicht als Individuen schlecht weg, sondern mit bestimmten Unterschieden des Besitzes und der Anlagen in die Welt treten, die dann auch wieder entscheiden werden über die Unterschiede der Bildung, so sei diese sittliche Idee noch keine Ausreichende. Dann wäre nun dennoch in der Gesellschaft nichts zu garantieren als die ungehinderte Selbstbetätigung des Individuums, so müsse das in seiner Konsequenz zu einer Ausbeutung des Schwächeren durch den Stärkeren führen. Die sittliche Idee des Arbeiterstandes sei daher die, dass die ungehinderte freie Betätigung der individuellen Kräfte durch das Individuum für sich alleine nicht ausreiche, sondern dass zu ihr zu einem sittlich geordneten Gemeinwesen noch hinzu treten müsse: die Solidarität der Interessen, die Gemeinsamkeit und Gegenseitigkeit der Entwicklung"[1]

Wahlrecht und Genossenschaften

Es waren vor allem zwei strategische Konzepte, in denen Lassalle den Weg zur Verwirklichung gleicher Freiheit auch für den Arbeiterstand sah:

1. Die Gründung und Ausbreitung von Produktionsgenossenschaften, die allmählich die kapitalistischen Unternehmungen aus dem Wirtschaftsleben verdrängen würden.
2. Das allgemeine freie Wahlrecht das die Durchsetzung der Mehrheitsinteressen im Staate sichern sollte, vor allem auch um die staatliche Förderung von Genossenschaften zu gewährleisten.

Im Zusammenspiel dieser beiden Strategien sah Lassalle den Weg einer allmählichen Transformation der kapitalistischen in eine sozialistische Gesellschaft, im Prinzip ohne revolutionären Bruch. Obgleich sich die direkten Wirkungen der Lassalleschen Theorie des Sozialismus fast ganz auf Deutschland beschränkten, repräsentiert sie doch mit ihrer Verbindung der Forderungen nach voller Demokratisierung des Staates und schrittweiser genossenschaftlicher Transformation der auf Privateigentum und Konkurrenz basierenden kapitalistischen Ökonomie einen sozialistischen Theorietyp, der in ähnlicher Weise auch in den anderen europäischen Ländern in der zweiten Hälfte des 19. und in der ersten des 20. Jahrhunderts an Bedeutung gewann. Es war ein ethisch begründeter, universalistisch argumentierender demokratischer Reformismus.

---

[1] Lassalle 1970: 22

Der Fabianismus in Großbritannien

In Großbritannien entfaltete sich zu dieser Zeit die bis in die Gegenwart einflussreiche Theorieströmung des *Fabian Socialism*. Er ist im Jahre 1889 mit einem eigenen theoretisch-programmatischen Manifest hervorgetreten, das einen umfassenden Gegenentwurf zu dem um diese Zeit dominant werdenden wissenschaftlichen Sozialismus von Karl Marx und Friedrich Engels darstellte. Es wies deutliche Ähnlichkeiten zum Sozialismus von Ferdinand Lassalle auf.

Am Programm des Fabianismus wirkten so prominente Persönlichkeiten des öffentlichen Lebens in Großbritannien mit wie *George Bernhard Shaw* und *Beatrice* und *Sidney Webb*. Ihren Namen bezog die Fabian Society in programmatischer Absicht von dem römischen Feldherren *Fabius cunctator*, dessen Kriegsstrategie im Warten auf den richtigen Augenblick bestand. Der Fabianische Sozialismus verknüpfte in kennzeichnender Weise die Forderung nach uneingeschränkter Durchsetzung der rechtsstaatlichen pluralistischen Demokratie mit reformistischen Programmen der Realisierung sozialer Verantwortung im Wirtschaftsleben sowie dem Aufbau sozialer Sicherungssysteme, die die Gewährleistung sozialer Teilhabe, eines menschenwürdigen Lebens und der materiellen Grundlagen voller staatsbürgerlicher Mitwirkung für alle Menschen garantieren konnten.

Auf der Grundlage des angelsächsischen Pragmatismus setzte diese Theorie die Geltung des Universalismus der Freiheits- und Gleichheitsrechte voraus und konzentrierte sich auf die Vorschläge für deren praktische Realisierung. Ihre Akteure beschränkten sich aber nicht alleine auf die Entwicklung von Reformvorschlägen, sondern engagierten sich nachhaltig für deren gesellschaftliche Propagierung und Umsetzung in ihrer eigenen Organisation, der Fabian Society, und durch wirkungsvolle Öffentlichkeitsarbeit.

Die ökonomische Kernidee, der die wirtschafts- und sozialpolitischen Reformvorschläge im Einzelnen entsprangen, basiert auf einem historischen Verständnis des Privateigentums. Diesem zufolge müsse in jeder geschichtlichen Entwicklungsphase angesichts der gegebenen gesellschaftlichen Problemlagen aufs Neue bestimmt werden, welche der Verfügungsrechte über die Produktionsmittel in der individuellen Verfügung von Einzeleigentümern verbleiben können und welche in zweckentsprechender Weise gesellschaftlich wahrgenommen werden müssen, sei es durch den Staat, etwa durch Besteuerung, durch die Gemeinde, etwa durch Standortauflagen, durch die Beschäftigten in den Unternehmungen selbst, also durch Mitbestimmung oder andere geeignete Institutionen, etwa durch die Aufsicht im Bereich der Arbeitssicherheit.

Eigentum an Produktionsmitteln sei immer ein komplexes Bündel zahlreicher einzelner Dispositionsbefugnisse. Dazu gehören Investitionsentscheidungen, Entscheidungen über die Organisation des Produktionsprozesses, die Verwendung des Gewinns, die Arbeitsplatzsicherheit, Löhne und die Länge des Arbeitstages. Zu keinem Zeitpunkt in der Geschichte habe die ganze Entscheidungsgewalt über die Produktionsmittel einschränkungslos in den Händen privater Eigentümer gelegen. Zu allen Zeiten bestand vielmehr ein jeweils spezifisches Mischungsverhältnis der Verfügungsrechte zwischen privaten und öffentlichen Instanzen.

In diesem Sinne müsse nun angesichts der Erfahrungen mit dem Frühkapitalismus durch einen pragmatischen Reformprozess neu geregelt werden, welche Rechte die Gemeinden, der Staat, die Privateigentümer und die Beschäftigten im Bereich der Produktion und Verteilung künftig ausüben sollen, um die menschlichen Interessen aller und ihre grundlegenden Rechte zu gewährleisten. Aktive Wirtschaftspolitik des Staates, sozialpolitische Sicherungen und eine gemeinwohlorientierte Steuerpolitik standen im Mittelpunkt der Wege der Verwirklichung dieses pragmatisch reformistischen Ansatzes sozialistischer Gesellschaftspolitik.

Indem diese Theorie des Sozialismus keine Festlegungen auf der Ebene der Begründung vornahm, ermöglichte sie faktisch einen Begründungspluralismus, der auch eine Einladung gleichermaßen an christlich und humanistisch motivierte Unterstützer war und ihnen keine Bekenntnisse auf der Ebene der Weltanschauung abverlangte.

Bedeutung des Früh-Sozialismus

Dieser Typ sozialistischer Theoriebildung ist einerseits über den deutschen Theoretiker *Eduard Bernstein* zur Grundlage des marxismus-kritischen Revisionismus geworden. Er bildet aber auch den Ausgangspunkt für den pragmatischen „funktionalen Sozialismus", der die beispiellos erfolgreiche Politik der schwedischen Sozialisten im 20. Jahrhundert programmatisch fundiert und praktisch orientiert hat.

Alle Denkschulen und Strömungen des Sozialismus in dieser frühen Epoche verfochten ein egalitäres Gerechtigkeitskonzept, jedoch im Unterschied zu den frühen Kommunisten keinen radikalen Egalitarismus im Sinne von Ergebnis-Gleichheit. Differenzierungen von Einkommen und Lebenslagen nach Verdienst und Leistung galten in den Grenzen konsequenter politischer Gleichheit und einer hohen gesellschaftlichen Sockelgleichheit als legitim.

Das Prinzip Solidarität

In leidenschaftlicher Entgegensetzung zum Individualismus der liberalen Theorie und Praxis wurde das Prinzip Brüderlichkeit bzw. Solidarität aus der französischen Revolutionsparole – Freiheit, Gleichheit, Brüderlichkeit – besonders hervorgehoben und in einem stark emotionalisierten anthropologischen Verständnis den isolierenden und trennenden Prinzipien einer individualistischen Wettbewerbsgesellschaft entgegengesetzt. Auf dieses Prinzip wurde während der gesamten sozialistischen Tradition im 19. und 20. Jahrhundert in der Programmatik und in der Organisationspraxis sozialistischer Gruppierungen stets besonderer Nachdruck gelegt. Darauf beruhte das sozialistische Selbstverständnis aller Richtungen und Strömungen. Gegenüber der liberal geprägten Geschichtsperiode der Trennung und Entgegensetzung der Individuen verkörperte es den überlegenen Anspruch einer kommenden Zeit menschlicher Verbundenheit und Zugehörigkeit.

Es war vor allem das in diesem Solidaritätsverständnis zum Ausdruck kommende historische Epochen-Bewusstsein, das stets mitschwang, wenn Theoretiker und Akteure des Sozialismus dessen Gegensatz zur bürgerlichen Welt und zum bürgerlichen Lager in Politik, Wissenschaft, Kultur und Wirtschaft betonten. Sie sahen eine scharfe Trennungslinie, die trotz aller Differenzen stets die grundlegenden Gemeinsamkeiten innerhalb des sozialistischen „Lagers" hervortreten ließ.

Es war dann in der gesamten nachfolgenden Zeit das herrschende, von den politischen und theoretischen Gegnern des Sozialismus forcierte Missverständnis, die Betonung von Solidarität und Gleichheit als besonders hervorgehobener Grundwerte resultiere aus der Geringschätzung von Freiheit. Tatsächlich bedeutete die Betonung von Gleichheit jedoch im Selbstverständnis der maßgeblichen Sozialisten aber lediglich die Hervorhebung derjenigen Bedingungen, die Freiheit für alle ermöglichen können. Gleichheit und Solidarität wurden nicht als Ersatz für eine gering geachtete Freiheit verstanden, sondern vielmehr als die entscheidenden Voraussetzungen dafür, dass Freiheit ihren eigentlichen Anspruch erfüllt, indem sie für alle gleichermaßen zur Wirklichkeit wird.

Wenn es in den frühen Phasen von Kommunismus und Sozialismus zwischen der französischen Revolution von 1789 und den europäischen Revolutionen von 1848 einen handgreiflichen Unterschied zwischen beiden gab, so lag er in diesem normativen Verständnis des Sozialismus begründet. Individualität, Personenorientierung und Freiheitsverständnis spielten in der sozialistischen Tradition im Unterschied etwa zum Frühkommunismus immer eine gewichtige Rolle. Aus dieser Akzentuierung der Grundwerte und aus den negativen Erfahrungen mit den Auswirkungen des uneingeschränkten Privateigentums an Produktionsmitteln und selbstregulierter Märkte folgten die gemeinwirtschaftlichen Vorstellungen der sozialistischen Tradition. Sie setzten auf soziale Einschränkungen oder Überwindung des Privateigentums an Produktionsmitteln sowie auf gesellschaftliche Einbettung und Regulation der Märkte oder deren Überwindung durch neue Formen gesellschaftlicher Koordination und Organisation des Produktions- und Verteilungsprozesses.

Die Bandbreite der institutionellen Entwürfe, die in diesem weiten Rahmen verfochten wurden, war zu allen Zeiten groß. Sie reichte von der Forderung nach Mitbestimmung der Arbeiter, über Vorstellungen von genossenschaftlichem Eigentum bis hin zum Konzept umfassender Vergesellschaftung der Produktionsmittel, von der Regulation und Begrenzung der Wirksamkeit der Märkte bis hin zu einer Ersetzung durch Planung und gesellschaftliche Koordination des gesamten Wirtschaftsprozesses. Ein solches Prinzip der Differenzierung galt auch für die geistige Grundlegung der sozialistischen Idee in der Entstehungsphase. In Ländern wie England und Deutschland spielten in den 1830er und 40er Jahren gleichermaßen christliche und humanistisch-ethische Denkweisen eine begründende Rolle. Das auf die sozialen Verhältnisse angewandte Denken der Aufklärung kam in Ländern wie Italien, Frankreich und Deutschland dabei ebenso ins Spiel wie die praktischen Überlieferungen solidarischer Gesellungsformen in den Zünften und Handwerkerbünden, Gilden und Gesellenvereinen des Spätmittelalters.

Angesichts der historischen Tatsache, dass eine mit diesem ursprünglichen Pluralismus vergleichbare Differenzierung sowohl in der Grundlegung wie institutionellen Konkretisierung des Sozialismus in dieser ideengeschichtlichen und politischen Tradition zu allen Zeiten ausgeprägt war, machen Vorschläge wenig Sinn, den „Frühsozialismus" als eine Art unreifer Vorstufe zum eigentlichen Sozialismus erscheinen lassen, der seine Vollendung erst im so genannten „wissenschaftlichen" Sozialismus von Marx und Engels gefunden habe. Danach sei der Sozialismus dann wieder, gleichsam als Produkt eines Abstiegs, in Vielfalt und Unübersichtlichkeit ausgemündet.

Im historischen Rückblick erweisen sich auf konzeptioneller und programmatischer Ebene manche der institutionellen Vorstellungen des frühen Sozialismus am Anfang des 21. Jahrhunderts als fruchtbarer denn die geschlossenen Vorstellungswelten des „wissenschaftlichen" Sozialismus, die seit den letzten Jahrzehnten des 19. Jahrhunderts bis zum Beginn der ersten Hälfte des 20. Jahrhunderts große Teile der sozialistischen Sozialwissenschaften und politischen Parteien geprägt haben. In dieser Sicht zeigt es sich dann, dass das Prinzip der institutionellen Differenzierung auf der Basis eines egalitären Gerechtigkeitsverständnisses und dem Verlangen nach sozialer Bindung und Einbettung des Privateigentums und der Märkte als die eigentlich beständigen sozialistischen Ideen interpretiert werden müssen, während die geschlossenen Systeme des Denkens und Handelns, die in durchaus problematischer Weise in der ersten Hälfte des 20. Jahrhunderts herrschten, sich am Ende als Sackgassen erwiesen.

3.2 Marxismus

Karl Marx und Friedrich Engels

Den am längsten anhaltenden Einfluss auf die sozialistische Theoriebildung und die Programmatik der Organisationen der Arbeiterbewegung in Europa haben zweifellos die Theorien von Karl Marx und Friedrich Engels gehabt. Dies geschah überwiegend in der Weise, dass die Konzeptionen von Karl Marx in der Version ihre maßgebliche Bedeutung gewannen, die ihnen Friedrich Engels nach dem Tod von Karl Marx gegeben hat. Gleichwohl hat die Engels'sche Version der Marxschen Theorie, mit der Ausnahme einer Reihe von Impulsen und Ideen aus dem Frühwerk von Karl Marx, in dessen Hauptwerken eine ausreichende Basis, so dass die gemeinsame Vereinnahmung der beiden sozialistischen Klassiker durchaus ihre begrenzte Berechtigung hat.

„Wissenschaftlicher" Sozialismus

In einer Vielzahl kleiner politischen Schriften und in seinen ökonomischen Hauptwerken entfaltete Marx vor allem seine groß angelegten Theorien für die Erkenntnisbereiche der geschichtlichen Entwicklung, der politischen Ökonomie des Kapitalismus, zu Staat und Politik und zur Wissenssoziologie. Für die sozialistische Theorie war vor allem sein Anspruch von Bedeutung, eine wissenschaftliche Grundlegung der Rolle des Sozialismus in der menschlichen Geschichte erarbeitet zu haben und auf dieser Grundlage Wegweisungen für das Handeln der Sozialisten zu bieten.

Etwa seit dem kommunistischen Manifest von 1948 sah Marx den Wissenschaftsanspruch des Sozialismus durch die Thesen seiner ökonomischen Geschichtsauffassung belegt. Dieser zufolge sind es die Widersprüche zwischen der unaufhaltsam vorantreibenden Entwicklung der Produktivkräfte und den in jeder historischen Epoche besonderen, stets aber durch partikuläre Klasseninteressen bedingten und begrenzten Produktionsverhältnisse, die das gleichsam naturwüchsig sich durchsetzende Grundgesetz der menschlichen Geschichte bedingen. Während die Entfaltung der Produktivkräfte durch die Anhäufung neuen Wissens und neuer

Fertigkeiten sowie die beständige Fortentwicklung der Werkzeuge und Produktionstechniken unaufhaltsam voranschreitet, waren in der bisherigen menschlichen Geschichte die jeweiligen Produktionsverhältnisse vor allem durch ihren Klassencharakter gekennzeichnet. Dieser erwies sich von einem bestimmten Punkt der Entwicklung an in jeder Epoche als Hindernis für die weitere Produktivkraftentfaltung.

Soziale Klassen sind durch ihr Verhältnis zum Eigentum des für jede historische Epoche jeweils maßgeblichen Produktionsmittels charakterisiert. So waren in der Periode der Handarbeit vor allem die freien Bürger als Eigentümer von Sklaven die ökonomisch herrschenden Klasse, im Zeitalter der Feudalgesellschaft waren es die Grundbesitzer und im modernen Kapitalismus die Eigentümer der industriellen Produktionsmittel und des mit ihnen verbundenen Handels- und Finanzkapitals.

Das ökonomische Grundgesetz der Geschichte bestimmt die Entwicklung als eine ununterbrochene Abfolge von Klassenkämpfen. Die Vertreter der jeweils fortschrittlicheren Produktivkräfte, am Ende der feudalistischen Produktionsweise das Bürgertum als Repräsentant des Kapitalismus, setzen sich am Ende immer gegen die Vertreter der historisch überholten Produktionsverhältnisse durch. So wie das Bürgertum mit seinem industriekapitalistischen Projekt die Feudalklasse ökonomisch verdrängte und in politischen Revolutionen auch von der Macht im Staate entfernen konnte, als die Produktivkräfte, die es vertrat, ihre volle Überlegenheit entfaltet hatten, wird das Proletariat als Vertreter der historisch fortschrittlichsten Produktionsweise auch den Kapitalismus und die politische Herrschaft der Kapitalistenklasse überwinden.

Allein die vollständige Überwindung des Privateigentums an den Produktionsmitteln ermögliche einerseits die Beendigung der Ausbeutung des Menschen durch den Menschen und anderseits eine bewusste und vorausschauende Organisation der Produktivkräfte im Interesse der ganzen Gesellschaft. Das ist die historische Aufgabe des Sozialismus. Allein die Arbeiterklasse, die keine eigenen Eigentumsinteressen mehr vertritt, kann seine Realisierung gewährleisten. Wenn die Bedingungen des Sozialismus gänzlich erfüllt sind, wird sich aus ihm allmählich die gänzliche herrschaftsfreie Gesellschaft entwickeln, weil durch den Wegfall des Privateigentums an den Produktionsmitteln mit der Klassenspaltung der Gesellschaft auch der Grund für einen von der Gesellschaft getrennten Staat entfällt. Die menschliche Gesellschaft ist von ihren Widersprüchen befreit, die Geschichte an ihrem vorbestimmten Endziel angekommen.

Die Wissenschaftlichkeit dieser Geschichtsauffassung stütze sich vor allem auf die im naturwissenschaftlich geprägten 19. Jahrhundert überaus plausible Vorstellungen, dass sich der Fortschritt in Wissenschaft, Technik- und Produktivkraftenthaltung durch nichts würde aufhalten lassen und folglich alle gesellschaftlichen Partikularinteressen und politischen Machtansprüche, die sich ihm entgegenstellen, unvermeidlich hinweggefegt werden, wenn ihre Zeit gekommen ist. Die historische Vision des Proletariats bestand Marx zufolge nicht in der Durchsetzung von moralischen politischen Prinzipien oder universalistischen Grundrechten, sondern in der Realisierung einer Produktionsweise, die alle Hemmnisse für künftige Produktivkraftentwicklungen beseitigt. Da das Interesse an seiner eigenen Emanzipation mit dem historischen Fortschritt der Produktivkraftenthaltung identisch war, war die historische Mission des Proletariats, der Sozialismus, letztlich durch nichts zu vereiteln.

Die materialistische Weltauffassung

Langfristig setzt sich daher das ökonomische Grundgesetz der Gesellschaft immer gegen politische und ideologische Widerstände durch. Marx verallgemeinerte seine Beobachtungen über die prägende Rolle der ökonomischen Entwicklung in der Menschheitsgeschichte, den so genannten historischen Materialismus, zu prinzipielleren philosophischen und erkenntnistheoretischen Aussagen. Demzufolge ist der gesamte gesellschaftliche „Überbau", Wissenschaft, Religion, Recht, Moral, Kunst und Politik, stets nur ein unselbstständiger Ausdruck der ökonomisch herrschenden Verhältnisse. Diese Auffassung, in der von *Friedrich Engels* begründeten Interpretationstradition „dialektischer Materialismus" genannt, war ein weiteres Argument dafür, dass dem Sieg des Sozialismus am Ende nichts widerstehen könnte. Sie war aber auch die ausschlaggebende Begründung dafür, dass moralische oder religiöse Begründungen des sozialistischen Ziels und seiner Notwendigkeit nicht nur „unwissenschaftlich" sind, sondern vor allem auch wirkungslos bleiben mussten.

Die historische Beobachtung lehrte Marx in seiner eigenen Zeit am Beispiel des Kampfes gegen die Feudalgesellschaft und ihre politischen Machtträger, dass die Gesellschaftsklasse, die eine historisch schon überholte Produktionsweise repräsentiert, dennoch aus Eigennutz zäh und mit allen verfügbaren Machtmitteln an ihr fest hält. Darum setzt sich der Fortschritt der Produktivkräfte immer nur auf dem Wege von Klassenkämpfen und Revolutionen durch. Die bürgerlichen Revolutionen in Europa, voran die als Paradigma wirkende französische Revolution von 1789, schienen diese These von Marx unwiderleglich zu belegen. In ähnlicher Weise würde schon in absehbarer Zeit das Proletariat in seiner eigenen Revolution den Sozialismus an die Stelle des Kapitalismus setzen und damit das historische Ende der Klassenherrschaft überhaupt einläuten, deren Grundlage mit der Vergesellschaftung der Produktionsmittel ein für allemal überwunden werde.

Alle bisherigen Produktionsverhältnisse waren Klassenverhältnisse, in denen ein Teil der Gesellschaft den anderen Teil beherrschte und ausbeutete. Am Ende des langen historischen Weges der Entwicklung der ständigen Widersprüche zwischen Produktivkräften und Produktionsverhältnissen werden sich zunächst mit dem Sozialismus und später dem Kommunismus Bedingungen ergeben, die künftig eine unbegrenzten Entfaltung der gesellschaftlichen Produktivkräfte gestatten, ohne Klassenherrschaft und damit auch ohne Klassenkämpfe und soziale Widersprüche.

Diese Form des „wissenschaftlichen Sozialismus" konnte folglich den Anspruch erheben, nichts anderes zu sein, als eine illusionslose Beschreibung des Entwicklungsweges der Geschichte selbst und der Bedingungen, unter denen allein die bisherige Dialektik der Klassenkämpfe, die sie gekennzeichnet hatte, an ihr versöhnliches Ende gelangen konnte.

Marxismus als Weltanschauung

Aus dieser „materialistischen" bzw. „wissenschaftlichen" Vorstellungswelt in Anlehnung an das naturwissenschaftliche Paradigma, konnten die Sozialisten, die ihm folgten, und die Parteien der Arbeiterbewegung, die es zur Grundlage ihrer Programmatik erhoben, das Selbstbewusstsein entwickeln, nicht einen Kampf für die Durchsetzung eigener Interessen oder die Verwirklichung von Gerechtigkeitsidealen zu führen, sondern nur die Vollstrecker geschichtlicher Entwicklungsgesetze zu sein, zu deren Durchsetzung es ohnedies auf längere Sicht keine Alternative geben konnte. Der Sozialismus dieser Art schien mit der Geschichte im Bunde, wissenschaftlich fundiert, einer universalistischen Mission verpflichtet und darum unbesiegbar.

Es war vor allem die für beide Theoretiker, Friedrich Engels und Karl Marx, kennzeichnende Verbindung eines am naturwissenschaftlichen Vorbild orientierten Wissenschaftsanspruchs verbunden mit einer weltanschaulich begründeten historischen Siegesgewissheit ihres Sozialismusanspruchs, die die zeitweilig fast religiöse Bedeutung des Marxismus in der sozialistischen Theoriebildung und Praxis möglich gemacht hat. Die marxistische Sozialismustheorie war schon seit der Zeit kurz nach ihrer Aufnahme in die europäischen Arbeiterparteien in den letzten beiden Jahrzehnten des neunzehnten Jahrhunderts und dann bis zum endgültigen Scheitern des kommunistischen Projekts in der demokratischen Revolution Osteuropas stets mehr als nur ein Theorie des Sozialismus. Paradoxerweise war es gerade ihr Wissenschaftsanspruch, der sie im Kern sowohl während einer langen Epoche in ihrer demokratisch sozialistischen Verwendung wie zu allen Zeiten in ihrer kommunistischen Legitimationsfunktion weitgehend gegen Kritik immunisierte. Als Garant der historischen Hoffnungen der

Arbeiterbewegung übernahm sie die Rolle einer alle empirischen Einspruchsmöglichkeiten abweisenden Weltanschauung. Das galt, ähnlich wie im Falle der großen Religionen, für all die höchst unterschiedlichen Niveaus ihre Auslegung, von der simplen Programmdogmatik für die große Parteimitgliedschaft bis hin zu den subtileren Versionen ihrer Deutung bei den Stars der intellektuellen und philosophischen Debatten der Linken im zwanzigsten Jahrhundert. Sie befriedigte damit offenkundig ein Bedürfnis, das sich als weit mächtiger erwies denn die rationalen und empirischen Argumente ihrer sozialistischen Kritiker in dieser Epoche. Selbst die innersozialistische Kritik am Marxismus hatte in den Augen vieler seiner Anhänger stets einen Hauch von Sakrileg an sich.

Marx' Weggefährte Friedrich Engels war in der deutschen und teilweise auch internationalen Arbeiterbewegung bis zu seinem Tode 1895 von großem Einfluss. Er verfocht, eindeutiger als Marx selbst, eine Deutung des marxistischen Geschichtsverständnisses im naturwissenschaftlichen Sinne. Er leistete einerseits dem Verständnis des Sozialismus als einer „ehernen Notwendigkeit" in erheblichem Maße Vorschub, betonte aber andererseits auch, dass zwischen den ökonomischen Grundgesetzen der gesellschaftlichen Entwicklung und den Bedingungen des politischen Handelns zahlreiche Vermittlungsinstanzen kultureller, ideologischer und politischer Art wirksam sind, die ihre unmittelbare Umsetzung unmöglich machen. In dieser Vermittlungsleistung bestehe die unverzichtbare Aufgabe der sozialistischen Parteien.

Das Theorie-Praxis Problem

In der gesamten marxistischen Tradition blieb dieses Vermittlungsproblem ein letztlich unauflösliches Dilemma. Die marxistischen Theoretiker des 19. Jahrhunderts in Deutschland, vor allem der führende sozialdemokratische Parteitheoretiker *Karl Kautsky* mit seinem Einfluss auf die sozialistischen Parteien in ganz Europa, verfolgten eine eher am naturwissenschaftlichen Modell orientierte Interpretation und leiteten daraus Strategien des Zuwartens auf den Augenblick des Umschlags der kapitalistischen in die sozialistische Produktionsweise ab. Diese Strategie des „revolutionären Attentismus" blieb für die deutsche Sozialdemokratie der Verbotszeit während des Bismarckschen Sozialistengesetztes (1878-1890) die maßgebliche Orientierung.

Nach dem Scheitern dieser Strategie gaben marxistische Intellektuelle wie der ungarische Kommunist *Georg Lukacs* und der italienische Kommunist *Antonio Gramsci* mit ihrem großen, Jahrzehnte andauernden Einfluss auf die intellektuelle Linke überall in Europa der marxistischen Geschichtstheorie eine aktivistische Deutung. Sie maßen den kollektiven

Erkenntnisprozessen und deren Umsetzung in kulturelle und politische Handlungsstrategien nun eine ausschlaggebende Bedeutung für die Entstehung eines sozialistischen Bewusstseins und damit auch für die Erreichung der sozialistischen Ziele zu. Gleichwohl hielten sie an der materialistischen Grundthese fest und stellten die marxistische Geschichtsauffassung selbst nicht zur Disposition.

Zwiespältige Revolutionstheorie

Marx hatte den bei weitem größten Teil seiner Schriften der Darstellung der kapitalistischen Produktionsweise und ihrer Widersprüche sowie der geschichtlichen Entwicklung gewidmet. Den Übergang vom Kapitalismus zum Sozialismus und die Strukturen der sozialistischen und kommunistischen Gesellschaft selbst streifte er in seinem Werk hingegen nur bei verschiedenen konkreten Gelegenheiten. Die für eine sozialistische Handlungsstrategie maßgeblichen Grundbegriffe des *Staates*, der *Klasse*, der *Partei* und der *Revolution*, arbeitete er nicht systematisch aus und verknüpfte sie auch nicht in konsequenter Weise in einer politischen Theorie.

In Folge dessen, weißt sein gesamtes Werk eine Asymmetrie zwischen historisch und ökonomisch analytischen Schriften auf der einen Seite und politisch-strategischen auf der anderen Seite aus. Die unsystematischen, eher gelegenheitsbezogenen Äußerungen von Marx im politiktheoretischen Teil seines Werkes weisen keine eindeutigen und konsistenten Zusammenhänge auf. In der entscheidenden Frage, wie das geschichtliche Ziel des Sozialismus auf der Ebene politischen Handelns erreicht werden kann, schwankte Marx in seinen verschiedenen Schriften und oft selbst innerhalb desselben Textes zeitlebens zwischen zwei verschiedenen Möglichkeiten. Sie bilden die Basis dafür, dass sich die marxistische Tradition auf höchst widerspruchsvolle Weise entfaltete und einen weiten Horizont unterschiedlicher, häufig in heftigen Gegensätzen zueinander stehender Interpretationsmöglichkeiten zuließ.

Bei Marx selbst finden sich selbst *zwei Lesarten* der politischen Übergangsstrategie vom Kapitalismus zum Sozialismus.

Der revolutionäre Weg zum Sozialismus

Weil der Staat stets nur ein Machtinstrument der herrschenden Klasse ist und weil das ökonomische Bewegungsgesetz der Geschichte sich mit unwiderstehlicher Macht vollzieht, kann dieser Lesart zur Folge die Errichtung der sozialistischen Gesellschaft nur in einer Revolution vollzogen werden. Sie bricht schlagartig und gänzlich mit den kapitalistischen Verhältnissen. Zu dieser Revolution wird die Arbeiterklasse eines Tages gezwungen sein, denn die kapitalistische Gesellschaft leidet an unheilbaren inneren Widersprüchen. Sie macht ihren schließlichen Zusammenbruch unvermeidlich, da sich die Wirtschaftkrisen, die sie hervorbringt, stetig verschärfen, die Möglichkeiten ihnen zu begegnen, schwinden und die Arbeiterklasse in ihrer Folge zunehmend verelendet. Das Schwinden ihrer Lebenschancen innerhalb des bestehenden Systems zwingt die Arbeiterklasse daher zur revolutionären Überwindung des kapitalistischen Systems.

Dieser Lesart zur Folge ist die sozialistische Gesellschaftsalternative nicht konstruktiv zu entwerfen oder schrittweise durchzusetzen. Sie wird sich vielmehr aus dem Zusammenbruch der kapitalistischen Gesellschaft und dem durch ihn bedingten Zwang der Arbeiterklasse zur Revolution und deren Handlungsnotwendigkeit in gegebener Lage ergeben. Die Arbeiterklasse erobert in der Revolution die ganze politische Macht als Voraussetzung für die Übernahme der Produktionsmittel durch die Gesellschaft. Der Übergang vom Kapitalismus zum Sozialismus ist folglich in jeder Hinsicht ein Bruch: ökonomisch und politisch.

Mit der Übernahme der politischen Macht durch die Arbeiterklasse beginnt die Logik wirtschaftliche Planung der Produktion, die an die Stelle der Markt- und Eigentumslogik tritt. Marx nahm an, dass der kapitalistische Konzentrationsprozess die Produktion auf immer weniger immer größere Betriebe beschränke. Er sah daher in der praktischen Verwirklichung der Formel „die Gesellschaft ergreift die Produktionsmittel" kein eigenständiges strukturelles und institutionelles politisches Handlungsproblem. Der kapitalistische Konzentrationsprozess würde die Klein- und Mittelbetriebe in ihrer unüberschaubaren Zahl selber schon durch eine Hand voll gigantischer Großbetriebe ersetzen und somit eine Art Proto-Sozialismus in kapitalistisch entstellter Form hervorbringen. Er würde dadurch nur noch zwei gesellschaftliche Klassen mit direkt entgegengesetzten Interessen übrig lassen: eine kleine Zahl kapitalistischer Großmagnaten und die überwältigende Mehrheit der ausgebeuteten eigentumslosen Lohnarbeiter. Sowohl die Klasseverhältnisse wie die Organisation der Produktion strebten in diesem Verständnis durch die Gesetze des Kapitalismus selbst auf den Sozialismus zu.

Die wenigen gigantischen Großunternehmen die der fortwährende kapitalistische Konzentrationsprozess in jedem Wirtschaftsbereich noch übrig ließe, könnten nach der sozialistischen Revolution von zentralen Organen der Gesellschaft übernommen werden. Wie dabei die Forderungen nach gesamtgesellschaftlicher Produktionsplanung und nach Selbstbestimmung der Arbeiter in den Betrieben also einer „freien Assoziation der Produzenten", wie es im Kommunistischen Manifest hieß, als gesamtgesellschaftliche Organisationsweisen miteinander vereinbart werden können, würde sich im weiteren Fortgang der Entwicklung dann ergeben.

In dieser Lesart erschien die „Revolution" zugleich als der Akt der Überwindung des Kapitalismus, der politischen Machteroberung und die Realisierung der sozialistischen Alternative, deren Struktur vorab konzeptionell nicht geklärt werden kann, aber auch nicht muss. Dieses Modell hat die kommunistische Verwendung der Marxschen Theorie geprägt.

Sozialismus als demokratischer Reformprozess

Marx hatte aber stets auch mit einer anderen Möglichkeit der sozialistische Umwandlung der Gesellschaft gerechnet und diese in Zeiten politischer oder sozialpolitischer Fortschritte der Arbeiterbewegung besonders hervorgehoben. Vor allem in seinen Beiträgen zur Programmentwicklung der „Internationalen Arbeiterassoziation" (Erste Internationale, 1964-1872) hatte er die Vorstellung einer schrittweisen Umgestaltung der Gesellschaft auf dem Boden der politischen Demokratie skizziert, die in der demokratisch-sozialistischen Tradition stets ein bedeutende Rolle spielte.

Wenn die Organisation des Staates erst einmal demokratisch geworden ist, die Kernforderung des kommunistischen Manifestes von 1848, und die Organisation der Arbeiterklasse stark und zielbewusst, so ist eine schrittweise Umgestaltung der kapitalistischen Wirtschaft und Gesellschaft in eine neue Gesellschaft möglich. Sie wird dann immer mehr den sozialistischen Prinzipien der Rücksichtnahme auf die menschlichen Interessen der Arbeitenden und immer weniger dem Prinzipien ihrer Ausbeutung entsprechen. Beispielhaft dafür gilt Marx die Einführung des 8-Stunden-Tages.

Der demokratische Staat kann in den einzelnen Bereichen die kapitalistischen Prinzipien außer Kraft setzen und durch Verhältnisse ersetzen, die sozialistischen Maßstäben entsprechen. An die Stelle der blinden Gesetze von Angebot und Nachfrage, bei denen das Profitstreben und die partikulären Interessen der einzelnen Kapitalisten jederzeit Vorrang vor den menschlichen Bedürfnissen der arbeitenden Bevölkerung haben, tritt dann die bewusste Ein- und Vorsicht für die Interessen der Arbeiter als Menschen. In immer mehr Bereichen ersetzen in zunehmender Konsequenz Elemente einer nach den sozialistischen Grundsätzen aufgebauten Gesellschaft das blinde Spiel der ökonomischen Kräfte im Kapitalismus. Marx nannte vor allem die Beispiele der Arbeiterschutzgesetzgebung, der gesellschaftlichen Begrenzung des Arbeitstages durch gesetzliche Regelung, die Bildungspflicht für Arbeiterkinder und den Ausbau des Genossenschaftswesens. Sie alle repräsentieren Verwirklichungsformen des sozialistischen Prinzips der „Ein- und Vorsicht für die Interessen der Arbeiter als Menschen" und nicht länger das bloße kapitalistische Profitprinzip.

„Revolution", ein Begriff den Marx in verschiedenen Bedeutungen verwandte, bedeutet in diesem Zusammenhang eine grundlegende Umgestaltung der Gesellschaft. Sie vollzieht sich in diesem Sinne aber auf dem Boden der Demokratie in wohlbedachten konstruktiven Schritten der Transformation auf friedlichem Wege.

Friedrich Engels fügte diesen reform-sozialistischen Umrissen später hinzu: Die best geeignete Staatsform für die Ausübung der politischen Macht und die sozialistische Umgestaltung durch die Arbeiterklasse ist die demokratische Republik. Sie sei die „wahre Form der Diktatur des Proletariats". Er rechnete aber damit, dass die wirtschaftlich herrschende Klasse nicht zögern würde, die politische Demokratie zu beseitigen, wenn die sozialistische Partei die politische Mehrheit für die Umgestaltung der Gesellschaft gewonnen hat und damit in der Praxis beginnt. In einer solchen Situation wäre „Revolution" die gewaltsame Gegenwehr der Arbeiterbewegung gegen antidemokratische Strebungen des Bürgertums zum Zwecke der Wiederherstellung und Sicherung der Demokratie.

„Revolution" war in dieser Konzeption also auf die Schaffung und Verteidigung der Demokratie als der Grundlage sozialistischer Politik bezogen. Auf ihrem Boden konnte sich die tief greifende, in diesem Sinne revolutionäre Umgestaltung der Gesellschaft schrittweise, zielstrebig und von Mehrheiten kontrolliert vollziehen.

Auf diese Lesart der marxistischen Strategie konnten sich die Organisationen und Akteure des demokratischen Sozialismus zu allen Zeiten stützen.

Internationalismus

Aus seinen ökonomischen und historischen Analysen zog Marx den Schluss, dass das gemeinsame Interesse der Arbeiter aller Länder einen natürlichen Internationalismus zur Folge hat, der ihnen in ihren gemeinsamen Kämpfen immer mehr bewusst werden wird. Überall auf der Welt ist das wichtigste Anliegen der Arbeiterklasse die Überwindung des kapitalistischen Systems. Nationalistische Konkurrenz und Verfeindung diene allein der Verlängerung bürgerlicher Herrschaft in den einzelnen Ländern und widerstrebe daher dem proletarischen Emanzipationskampf. Der Schlussakkord aus dem Kommunistischen Manifest lautete daher: „Proletarier aller Länder vereinigt euch." Das war im Sinne der Marxschen politischen Ökonomie nicht als ethischer Appell gedacht, sondern lediglich als die Erinnerung an das, was wirklich im Interesse des Befreiungskampfes der Arbeiter selbst lag. Internationalismus war daher in der marxschen Theorietradition stets eine Kernforderung.

Probleme des Marxismus

Dieser Zwiespalt zwischen den beiden widerspruchsvollen Vorstellungen von Weg und Ziel des Sozialismus blieb im Werk von Marx und Engels bis zuletzt unaufgelöst. Das hat zu erheblichen Unklarheiten und Widersprüchen im Selbstverständnis der am Marxismus orientierten sozialistischen Parteien geführt. Schließlich ermöglichte dieser Zwiespalt auch, dass so entgegengesetzte Vorstellungen vom Sozialismus wie der Anarchismus, der demokratische Sozialismus und der leninistische Kommunismus (Marxismus - Leninismus), sich gleichermaßen und durchaus mit einem gewissen Recht auf das politische Erbe von Marx berufen konnten. Jedoch blieb dabei immer die Marxsche Theorie der politischen Ökonomie unangetastet, der zufolge der Kapitalismus unüberwindlich an stets tiefer greifenden Wirtschaftkrisen leidet und zu einer wachsenden Polarisierung der Gesellschaft führt. Insofern blieb das Marxsche Erbe von großen Widersprüchen geprägt und bot die Voraussetzung für höchst unterschiedliche theoretische Deutungen und politische Nutzungen.

3.3 Revisionismus

Das Prinzip Revisionismus

Mit Revisionismus wurde in der Epoche der Vorherrschaft des Marxismus in der europäischen Arbeiterbewegung jenes Denken bezeichnet, das an den Prinzipien des Sozialismus festhielt, aber die Theorien von Marx nicht länger als unkritisierbare Grundlage des Denkens und Handelns akzeptierte. Der Revisionismus, der an der Wende vom 19. zum 20. Jahrhundert in allen europäischen Arbeiterbewegungen aufkam, verstand sich überall als theoretische Grundlage für einen Reform-Sozialismus, der seine Ziele schrittweise im Rahmen der parlamentarischen Demokratie anstreben und die alternativen Formen der Organisation von Wirtschaft, Staat und Gesellschaft in diesem Prozess der steten Kontrolle gesellschaftlicher Mehrheiten unterwerfen wollte.

Es war die wachsende Kluft zwischen der marxistischen Theorie mit ihrer Vorstellung der ständigen Verschärfung der kapitalistischen Krisen und der Fixierung auf die dereinstige Revolution auf der einen Seite und der Praxis des Sozialismus in den europäischen Ländern mit ihrer pragmatischen Reformorientierung auf der anderen Seite, die den Revisionismus hervorbrachte. Seine Vertreter, in Deutschland vor allem *Eduard Bernstein*, dessen seinerseits stark vom englischen Fabianismus beeinflusste Vorstellungen in ganz Europa paradigmatische Bedeutung gewannen, wollten die

Lösung des Widerspruchs von Theorie und Praxis durch die kritische Klärung der theoretischen Grundlagen des Sozialismus erreichen. Es ging ihnen um eine realistische Bezugnahme auf die tatsächliche Entwicklung der Gesellschaft. Die Revisionisten scheuten sich trotz des starken Drucks des vorherrschenden Marxismus dieser Epoche nicht, alle theoretischen Aussagen der Marxschen Theorie des Sozialismus zuerst auf den Prüfstand und sodann zur Disposition zu stellen, sofern sie der genauen Überprüfung und der Realität nicht Stand hielten. Die Revisionisten kritisierten jede Elemente des Marxismus, die konstruktive Reformarbeit behinderten, und bekräftigten andere, die ihr dienlich erschienen. Sie stellten der strategischen Zwiespältigkeit des Marxismus eine klare Reformalternative entgegen.

Im Revisionismusstreit, der sogleich nach der Veröffentlichung der kritischen Thesen der revisionistischen Theoretiker in der europäischen Arbeiterbewegung ausbrach, zeigte sich überaus deutlich, dass der Marxismus in den sozialistischen Parteien nicht lediglich die Funktion einer wissenschaftlichen Grundlegung der Gesellschaftsanalyse und der auf sie gestützten politischen Handlungsstrategien inne hatte. Er war mit seiner Tendenz, nahezu alle Fragen der gesellschaftlichen Entwicklung, des praktischen Handelns und selbst des Lebenssinns seiner Anhänger zu beantworten, in den Jahrzehnten vor dem ersten Weltkrieg vielmehr zur durchaus quasi religiös geprägten Weltanschauung geworden. Er gab der Arbeiterbewegung und ihren Mitgliedern und Anhängern mit seiner Theorie von der historischen Notwendigkeit des Sozialismus als Endziel der Geschichte, Orientierung, Trost in Zeiten der Schwäche und der Niederlagen, ein Gefühl der politischen und kulturellen Überlegenheit trotz der eigenen gesellschaftlichen und politischen Schwäche. Er bot eine anspruchsvolle Sinndeutung des eigenen Handelns durch die Vorstellung, trotz der momentanen Überlegenheit der Feinde und Verfolger mit der Geschichte im Bunde zu sein.

In der Revisionismusdebatte ging es darum, wie sich rasch zeigte, keineswegs allein oder wenigstens in erster Linie um die Klärung des empirischen Gehalts der marxistischen Gesellschafstheorie und ihrer Revision im Lichte neuer Erfahrungen. Für die Anhänger des zur Weltanschauung gewordenen Marxismus ging es vielmehr um die Verteidigung ihrer fast religiösen Vorstellungswelt, die ihnen als Motivationsmacht im täglichen politischen Kampf unentbehrlich schien. Die Verfechter der revisionistischen Alternative erschienen den Marxisten dieser Epoche in den zahlreichen europäischen Parteien, insbesondere der deutschen Sozialdemokratie, die eine ideologische Vorrangstellung behauptete, als Ketzer, die einen lebensnotwendigen Überlegenheitsglauben in Frage stellten, ohne etwas Gleichwertiges als Ersatz dafür anbieten zu können. Das nüchterne Gerechtigkeitsethos einer pragmatischen Reformpolitik, das sie anzubieten hatten, schien den Kampfeswillen der Sozialisten zu lähmen, weil es als Endergebnis des eigentlichen Handelns nicht mehr wie die marxistische Theorie die Erlösung von den gesellschaftlichen Widersprüchen in Aussicht stellen konnte, sondern allenfalls die Emanzipation, also Gleichheit der Chancen und der Voraussetzungen beim politischen Kampf in einer stets widersprüchlich bleibenden Gesellschaft.

Europaweite Bedeutung

Die Ideen des Revisionismus waren bereits seit den 1880er Jahren in England, Frankreich, Italien und ansatzweise auch in Deutschland entwickelt worden. Es war dann die Leistung des deutschen marxistischen Parteitheoretikers Eduard Bernstein, der bis dahin ein auch von Friedrich Engels anerkannter Wahrer marxistischer Tradition in der deutschen Sozialdemokratie gewesen war, diese Ideen ab 1896 zusammen zu fassen und in der am stärksten vom Marxismus geprägten sozialdemokratischen Partei, der deutschen, als umfassende Alternative zum parteioffiziellen Marxismusverständnis zu präsentieren. Die Diskussion, die er damit in Gang setzte, erreichte zunächst um die Jahrhundertwende ihren großen Höhepunkt. Sie ist aber in der europäischen Sozialdemokratie bis in die 1970er Jahre nicht abgerissen und letztlich erst mit dem Zusammenbruch des Sowjetkommunismus und der demokratischen Revolution in Osteuropa im Jahre 1989 auf ganzer Linie stillschweigend zu Gunsten des revisionistischen Reform-Sozialismus entschieden worden.

Mit Revisionismus wurde in der Phase der Vorherrschaft des Marxismus als Theorie des Sozialismus in der europäischen Arbeiterbewegung jedes Denken bezeichnet, das an den Prinzipien und Zielen des Sozialismus festhielt, aber die Theorien von Marx nicht länger als unkritisierbare Grundlage des Denkens und Handelns hinnahm. Der Revisionismus, der an der Wende vom 19. zum 20. Jahrhundert in allen europäischen Arbeiterbewegungen aufkam, verstand sich überall als theoretische Grundlage für einen Reform-Sozialismus, der seine Ziele schrittweise auf dem Wege der parlamentarischen Demokratie und gewerkschaftlicher Arbeit anstreben und die alternativen Formen der Organisation von Wirtschaft, Staat und Gesellschaft in diesem Prozess der steten Kontrolle gesellschaftlicher Mehrheiten unterwerfen wollte.

Es war die wachsende Kluft zwischen der marxistischen Theorie mit ihrer Vorstellung der ständige Verschärfung der kapitalistischen Krisen und der Fixierung auf die große Revolution auf der einen Seite und der Praxis des Sozialismus in den europäischen Ländern mit ihrer überwiegenden Reformorientierung auf der anderen Seite, die in den 1890er Jahren den

Revisionismus hervor brachte und legitimierte. Seine Vertreter strebten die Lösung des Widerspruchs von Theorie und Praxis durch die kritische Klärung der theoretischen Grundlagen des Sozialismus und durch eine realistische Bezugnahme auf die tatsächliche Entwicklung der Gesellschaft an. Bernstein scheute sich trotz des starken Drucks durch den weltanschaulichen Marxismus dieser Epoche nicht, alle theoretischen Aussagen des Marxschen Theorie des Sozialismus zuerst auf den Prüfstand und gegebenenfalls zur Disposition zu stellen, sofern sie der unvoreingenommenen Überprüfung an der Realität nicht standhielten. Die Revisionisten kritisierten jene Elemente des Marxismus, die konstruktive Reformarbeit behinderten, und bekräftigten jene, die ihr dienlich waren. Sie stellten der strategischen Zwiespältigkeit des Marxismus eine entschiedene Reformalternative entgegen.

Zur Gesellschaftsanalyse des Revisionismus

Das theoretische Paradigma des Revisionismus, obgleich nicht im Anschluss an die akademischen Debatten der Zeit formuliert, bestand im Kern in der Anerkennung der zunehmenden Komplexität der modernen kapitalistischen Industriegesellschaften und ihrer fortwirkenden Dynamik und Vitalität. Die tatsächliche Entwicklung des modernen Kapitalismus verlaufe, so das grundlegende Argument der Revisionisten, in entscheidenden Hinsichten anders, als in der Theorie von Marx vorausgesagt und für ihre Revolutionstheorie vorausgesetzt. Die gesellschaftliche Struktur zeigt nicht die Tendenz einer voranschreitenden Vereinfachung durch zunehmende Konzentration der Produktionsmittel in immer weniger Händen und dadurch bedingt die ständig schärfer werdende Polarisierung der Gesellschaft in eine wachsende Klasse eigentumsloser Proletarier und eine schwindende Minderheit kapitalistischer Großmagnaten. Vielmehr nehme die ökonomische und soziale Differenzierung ungeachtete der tatsächlich zu beobachtenden Konzentrationsprozesse beständig zu.

Trotz wirtschaftlicher Konzentration verringere sich beispielsweise die Gesamtzahl der selbstständigen Wirtschaftseinheiten nicht. Die Entwicklung wird komplexer, vielseitiger und widersprüchlicher. Ebenso wie die Anzahl der Großbetriebe steigt auch die Zahl der Mittel- und Kleinbetriebe weiter an, die gesellschaftlichen Strukturen werden unübersichtlicher und vielgestaltiger, sie entziehen sich in ihrer Wirklichkeit zunehmend den groben Vereinfachungen der marxistischen Theoretiker. Im Hinblick auf die Bedingungen der Transformation der kapitalistischen Ökonomie in einer sozialistischen Gesellschaft hoben die Revisionistischen vor allem hervor, dass in der komplexen, dynamischen, vielgestaltigen, modernen Ökonomie die Zahl der ökonomischen Entscheidungsträger und mehr oder weniger autonomen Unternehmungen in die Millionen ginge und weiterhin gehen würde und in ihrer Vielfalt und ihren unterschiedlichen Handlungsbedingungen unüberschaubar blieb. Damit verlor die von den marxistischen Strategen gehegte Vorstellung ihre Grundlage, die Transformation des Kapitalismus in eine rational geplante sozialistische Wirtschaftsordnung sei letztlich nichts anderes als die Übernahme der durch den Konzentrationsprozess ohnedies auf eine überschaubar kleine Zahl geschrumpften privatkapitalistischen Kommandohöhen in Gemeineigentum.

Das Fortbestehen der Mittel- und Kleinbetriebe bedingte die Erhaltung einer selbstständigen Mittelschicht, die nicht nur keinerlei Tendenz zum prognostizierten Verschwinden zeigte, sondern vielmehr aus einer Reihe von Gründen beträchtlich zuzunehmen und sich zu modernisieren begann. In Folge der Zunahme von Verwaltungsaufgaben sowohl in der Privatwirtschaft wie auch im öffentlichen Bereich wurden die zur Mittelschicht zu rechnenden Kleineigentümer durch die „neue Mittelschicht" der Angestellten und Beamten ergänzt. Aber auch die Arbeiterklasse selbst zeigte eine Tendenz zunehmender innerer Differenzierung: der Ausbildungsgänge, der Berufspositionen, der Einkommen und der sozialen Lage.

Die Zahl der Eigentümer von Produktionsmitteleigentum nahm auf der anderen Seite des gesellschaftlichen Klassenspektrums durch die Verbreitung von Aktiengesellschaften mit einer oft großen Zahl von Teilhabern ebenfalls zu. Insgesamt gesehen zeigt die soziale Struktur des modernen Kapitalismus an der Wende vom 19. zum 20. Jahrhundert nicht die geringsten Anzeichen der von Marx erwarteten Rückführung auf zwei in sich weitgehend einheitliche Klassen, sondern eine Tendenz der zunehmenden sozialen Differenzierung. Die Vielfalt der sozialen Positionsinteressen nahm nicht ab, sondern beträchtlich zu. Diese Gesellschaftsanalyse entzog der traditionellen marxistischen Vorstellung die Grundlage, die soziale Polarisierung in die beiden Klassen des Proletariats und der kapitalistische Großeigentümer würde unvermeidlich eine Verschärfung der politischen Klassenkämpfe und eine immer deutlichere Polarisierung der Gesellschaft und ihrer Konflikte mit sich bringen.

Auch die für die marxistische Revolutionstheorie maßgebliche Vorstellung, der Kapitalismus leide unheilbar an einer ständigen Verschärfung seiner Wirtschaftskrisen bei gleichzeitiger Verringerung seiner Möglichkeiten, dieser Krisen noch Herr zu werden, scheiterte nach der Analyse der Revisionisten an der Realität. Zwar blieb die marxistische Analyse in einem Punkt zutreffend: Die mangelnde Koordination zwischen gesellschaftlichem Bedarf und einzelwirtschaftlichen Produktionsentscheidungen führt zu regelmäßigen wiederkehrenden Wirtschaftskrisen im Kapitalismus, die dieser mit den ihm zur Verfügung stehenden Mitteln nicht zu beherrschen vermag. Aber diese zyklischen Krisen zeigten in der Wirklichkeit der Entwicklung nicht die von Marx erwartete Tendenz einer ständigen Verschärfung und Verbreiterung mit dem prognostizierten Resultat der finalen Katastrophe.

Die Revisionisten konstatierten vielmehr die Herausbildung neuer Instrumente der Krisenentschärfung, beispielsweise durch die Verbesserung des Informations- und Kreditwesens sowie der beginnenden innerkapitalistischen Wirtschaftsorganisation, etwa durch Kartelle, vor allem aber wegen der erheblichen Verbesserung des wirtschaftspolitischen Instrumentariums des Staates. Diesen revisionistischen Analysen zu Folge war weiterhin mit kapitalistischen Wirtschaftskrisen zu rechnen, jedoch nicht im Sinne ihrer ständigen Verschärfung verbunden mit der wirtschaftspolitischen Ohnmacht des Staates und der anderen wirtschaftlichen Akteure.

Die Erwartung eines unvermeidlichen Unterganges des Kapitalismus aus wirtschaftlichen Gründen, auch in der politischen Variante einer unabdingbaren Notwendigkeit des Proletariats, letztlich nur in einer Revolution den Ausweg aus seiner aussichtslos werdenden Lage zu finden, verlor mit dieser Diagnose ihre Stütze.

Endziel und Bewegung

Für Bernstein und den nachfolgenden Revisionismus ergab sich aus alledem die Konsequenz einer Neubestimmung des Sozialismus. Die wichtigsten ihrer Elemente, in ihrer eigenen Zeit vom marxistischen Hauptstrom vehement zurückgewiesen, sollten dann, nach vielen Kämpfen im Verlaufe des 20. Jahrhunderts zu den hauptsächlichen Bestimmungsgründen des demokratischen Sozialismus werden: Der Sozialismus ist weder ein festliegendes gesellschaftliches oder ökonomisches Modell mit eindeutig definierten Strukturmerkmalen, wie etwa „gesellschaftliches Eigentum" oder „Wirtschaftsplanung", sondern ein Prinzip für die schrittweise, ergebnisoffene Neugestaltung der wirtschaftlichen und gesellschaftlichen Verhältnisse.

Bernstein nannte es das Prinzip der „Genossenschaftlichkeit", also der gleichberechtigten Teilhabe aller an den Entscheidungsprozessen und den Ergebnissen der gemeinsamen Arbeit. Sozialismus ist die schrittweise Durchsetzung der gleichberechtigten Teilhabe aller an Wirtschaft und Gesellschaft im Rahmen der Demokratie, die ja ihrerseits schon die Realisierung dieses Prinzips im Staat darstellt. Die Formen, in denen das jeweils zugleich am prinzipiengerechtesten und zweckmäßigsten geschehen kann, können allein Sache der Erfahrung sein. Dies war der Sinn von Bernsteins berühmtem Diktum: „Das Endziel ist mir nichts, die Bewegung ist mir alles". In jedem Schritt der Bewegung in diesem Sinn muss das eigentlich Ziel, nämlich der Fortschritt in der gleichberechtigten Teilhabe aller, wirksam sein. Bewegung und Endziel sind voneinander nicht getrennt, prinzipienorientierte Bewegung ist vielmehr der Prozess der schrittweisen Realisierung des sozialistischen Prinzips der gleichberechtigten Teilhabe aller an Wirtschaft, Staat und Gesellschaft, also ein dauernde, sich in ihrem Verlauf selbst korrigierende Aufgabe. Darin und nicht in Akten der Enteignung, könne auch allein der Sinn der Formel von der „Vergesellschaftung der Produktionsmittel" liegen. Daher kann ein gutes Fabrikgesetz, wie Bernstein zuspitzte, mehr Sozialismus enthalten als die Verstaatlichung einer ganzen Reihe von Fabriken.

Eine besondere Stellung innerhalb der marxistischen Theorietradition nimmt aus einer Reihe von Gründen Rosa Luxemburg ein. Sie war einerseits eine der Verfechterinnen der marxistischen Orthodoxie im Revisionismusstreit der deutschen Sozialdemokratie vor dem Ersten Weltkrieg, wenn auch mit durchaus eigenständigen, kritischen und aktivistischen Akzenten. Sie leistete mit ihrer Imperialismustheorie bedeutende Beiträge zur Aktualisierung der marxschen Theorie in der Zeit vor dem Ersten Weltkrieg. Und sie formulierte in ihrer Kritik an Zentralismus und Autoritarismus der leninistischen Parteitheorie basisdemokratische Vorstellungen für die marxistisch inspirierte, sozialistische Praxis, auf die sich in den Diskursen der nachfolgenden Jahrzehnte, bis hinein in die 70er und 80er Jahre des 20. Jahrhunderts, auch radikaler gesonnene demokratische Sozialisten der jüngeren Generation vorzugsweise beziehen konnten.

Ihre Imperialismustheorie war ein strikt im Geiste der marxistischen ökonomischen Theorie unternommener Versuch, das Ausbleiben des von orthodoxer Seite prognostizierten absehbaren Zusammenbruchs des kapitalistischen Systems zu erklären und gleichzeitig an der These selbst, allerdings mit einer begründeten Fristverschiebung, festzuhalten. Ihre Imperialismustheorie war der Versuch, die im Marxschen Gesetz vom tendenziellen Fall der Profitrate enthaltene Untergangsprognose des kapitalistischen Systems durch ihre Ausweitung auf die neu entstehenden, imperialistischen Handlungsfelder zu aktualisieren. Solange nämlich durch immer neue billige Rohstoffquellen und billige Arbeitskräfte die kapitalistische Logik ihre enger werdenden Grenzen in den nationalen Handlungsräumen zu sprengen vermag, kann es ihr gelingen, ausreichend hohe Profitraten zu sichern und damit das Gesetz des tendenziellen Falls der Profitraten zeitweilig außer Kraft zu setzen.

Der Imperialismus der kapitalistischen Länder ist folglich nicht das Resultat politischer Entscheidungen, die aus der bloßen Gier nach Zusatzprofiten entstehen. Er ist eine unmittelbare Überlebensnotwendigkeit für die kapitalistischen Systeme selber, um ihrem Untergang entgegen zu wirken. Sobald aber einmal der Rest der Welt dem global gewordenen kapitalistischen System einverleibt sein wird, setzt sich das Gesetz vom tendenziellen Fall der Profitrate im globalen Rahmen ungehindert durch, ohne dass weitere Möglichkeiten eines Aufschubs gegeben wären. Der Umweg über die imperialistische Phase verschafft dem Kapitalismus der industriellen Metropolen eine Lebensspanne, aber nicht die Befreiung von seinen inneren ökonomischen Wirkungsgesetzen, die auf den Zusammenbruch des Kapitalismus durch die Kraft ihrer eigenen Logik unausweichlich hinarbeiten.

In der Zwischenzeit werden imperialistische Kriege unvermeidlich, da die einzelnen Länder um ihren Anteil an dem begrenzten Expansionsraum für ihre ökonomische Entfaltung um des eigenen Überlebens Willen kämpfen müssen. Auf diese durch die ökonomischen Gesetze des Kapitalismus selbst bedingte Logik der Kriege und der mit ihr verbundenen Politik der zivilisatorischen Selbstvernichtung der am weitesten entwickelten europäischen Länder bezog sich Rosa Luxemburgs Verdikt: „Sozialismus oder Barbarei".

Obgleich Rosa Luxemburg die Rolle straff organisierter, kommunistischer Parteien in der sozialistischen Revolution nicht in Frage stellte, legte sich doch großen Wert darauf, dass in diesen Parteien Diskussion und Kritik nicht erloschen und die Aktivitäten dieser Parteien in breite und lebendige, revolutionäre Massenaktivitäten eingebettet blieben. An Lenins autoritär zentralistischer Parteidoktrin kritisierte sie scharf, dass die Entmündigung der Mitglieder und der Massen, die sie zur Folge haben musste, letzten Endes zur Zerstörung des sozialistischen Projektes selbst führen musste, das für sie untilgbar mit Freiheit und Emanzipation verbunden blieb. Sie führte gegen Lenins Modell einer vermeintlich nur vorübergehenden Parteidiktatur als Voraussetzung der späteren Massenemanzipation die realistischen Beobachtung ins Feld, dass Diktatoren, wenn sie einmal fest im Sattel sitzen, die Zügel nie wieder freiwillig aus der Hand geben werden, im Übrigen aber die Bedingungen einer straffen Parteidiktatur die Massen daran systematisch hindern, die Freiheit und ihren vernünftigen Gebrauch in der Praxis zu erlernen, die ja grade den Sozialismus als das eigentliche Ziel der Bewegung ausmachen soll. Sozialismus war für sie, auch wenn sie an den orthodoxen Endvorstellungen weitgehend festhielt, ein Prozess der Selbstbefeiung der Arbeitermassen, in dem diese in der revolutionären Praxis auch gleichzeitig die Bedingungen eines solidarischen Freiheitsgebrauches erlernen, dessen dauerhafte Ausübung dann die Grundlage der sozialistischen Gesellschaft sei.

In Übereinstimmung mit dem orthodoxen Marxismus vertraute sie darauf, dass sich die Formen der Organisation einer sozialistischen Volkswirtschaft ohne Markt und Privateigentum schon finden würden, sobald erst einmal Ökonomie und Staatsorganisation der kapitalistischen Gesellschaft zerschlagen wären. Der Weg dorthin müsse aber durch einen Prozess geebnet werden, der sich durch die Spontaneität der Massen, ihre Fähigkeit zu lernen und sich im Kampf weiter zu bilden und ihre Fähigkeit zur solidarischen Kooperation ergeben müsste.

Die Widersprüche zwischen ihrer Hinwendung zur zentralistischen, kommunistischen Parteiorganisation und ihrer Wertschätzung und theoretischen Auszeichnung spontaner Massenaktionen konnte sie in ihrem theoretischen Werk nicht ausreichend klären. Ihr Versuch, die kommunistische Theorie und Praxis mit einem unbedingten Freiheitspathos zu verbinden – „die Freiheit ist immer die Freiheit des anders Denkenden" – hat ihr im größten Teil der europäischen Linken immer besondere Sympathien eingetragen und zahlreiche Versuche inspiriert, in ihr die theoretische Grundlegung eines freiheitlichen Sozialismus zu finden, der an der marxistischen Endzieldogmatik festhielt und dennoch auf Basisdemokratie und Freiheitssicherung nicht verzichtete.

3.4 Sozialismus und Sozialdemokratie

Die Sozialistischen Internationalen

Die Wechselbeziehungen zwischen der Theorie des Sozialismus auf der einen Seite, der programmatischen Identität und politischen Praxis der sozialistischen Parteien Europas auf der anderen waren stets komplex und häufig in erheblichem Maße auch widersprüchlich. Sie können daher nicht auf einfache Muster reduziert werden. Ihnen würde letztlich nur ein Porträt jeder einzelnen der sozialistischen Parteien in ihrem jeweiligen historischen, gesellschaftlichen und politischen Kontext gerecht, wie es der britische Historiker Donald Sassoon in seinem monumentalen Werk „A Hundred Years of Socialism" beispielhaft vorgeführt hat[2].

Die Tatsache, dass sich fast alle Parteien des demokratischen Sozialismus während eines großen Teils ihrer Geschichte im 19. und 20. Jahrhundert in verschiedenen Auflagen einer „sozialistischen Internationale" gemeinsam organisierten, hat eine weitgehende Übereinstimmung in ihren theoretischen und praktischen Profilen weder vorausgesetzt noch zur Folge gehabt. In einem charakteristischen Gegensatz zur 1921 gegründeten Kommunistischen Internationalen mit ihrer straffen zentralistischen Organisation unter der stets unbestrittenen Vorherrschaft der Kommunistischen Partei der Sowjetunion und ihrer durch sie garantierten einheitlichen theoretisch-programmatischen Ausrichtung blieben die Mitgliedsparteien der diversen sozialistischen internationalen Verbünde zu allen Zeiten in

---

[2] Sassoon 1996

hohem Maße divergent. Das galt, freilich auf der Basis ihres geteilten Bekenntnisses zu Demokratie, zu universellen Grundrechten und den Grundwerten des demokratischen Sozialismus, gleichermaßen für ihre Theoriebezüge, ihre programmatische Identität und ihre tagespolitische Ausrichtung.

In der noch von Karl Marx selbst inspirierten und zeitweilig geleiteten *Internationalen Arbeiterassoziation* (1864-1882), einer Vereinigung von zumeist intellektuellen Einzelpersönlichkeiten und einer kleinen Zahl sozialistischer Arbeiterorganisationen, herrschte ursprünglich die marxistische Theorie vor. Sie wurde zunehmend von den eher anti-autoritär oder anarchistisch orientierten Gruppierungen vor allem der Mittelmeerländer herausgefordert und zerbrach schließlich am wachsenden Gegensatz zwischen beiden Strömungen.

Die Mitgliedsparteien der 1989 gegründeten II. Internationalen, dem Zusammenschluss der sozialdemokratischen Parteien jener Zeit, waren in ihrem Theorieverständnis und ihrer Programm-Rhetorik weitgehend vom weltanschaulichen Marxismus der Epoche geprägt und wiesen in dieser Hinsicht ein im Verlaufe des 20. Jahrhunderts nicht wieder erreichtes Maß an Übereinstimmung auf. Sie leiteten daraus gemeinsam einen ideologischen Internationalismus ab, der nationale Differenzen als gegenüber der übereinstimmenden Klassenlage der Proletarier aller Länder nebensächliche und vorübergehende Erscheinung klassifizierte. Die scharfen Widersprüche zwischen einer scheinbar aus einem Guss entworfenen, für alle gültigen Theorie und den tatsächlichen Bedingungen des praktischen Handelns in wechselnden Kontexten offenbarten sich exemplarisch bei Ausbruch des Ersten Weltkriegs 1914. Entgegen allen eindeutigen Resolutionen, die noch kurze Zeit zuvor auf den gemeinsamen Kongressen einmütig verabschiedet worden waren, unterstützen nahezu alle diese Parteien die Kriegführung ihrer nationalen Regierungen gegen die Länder ihrer Schwesterorganisationen. Die Parteitheorie hatte sich auf einem zentralen Handlungsfeld als das erweisen, was sie praktisch auf allen anderen gleichermaßen war, ein weltanschauliche Gewissheit mit äußerst begrenzter praktischer Orientierungskraft. Diese Erfahrung bedeutete das faktische Ende der II. Internationale.

Die nach dem II. Weltkrieg im Jahre 1951 in Frankfurt am Main neu ins Lebens gerufene Sozialistische Internationale präsentierte sich von Anbeginn realistischer und in einer großen Bandbreite unterschiedlicher theoretischer Überzeugungen. Neben den weiterhin marxistisch geprägten Parteien und den intern schon durch beginnende theoretische und weltanschauliche Vielfalt charakterisierten Organisationen brachten die skandinavischen Gruppierungen ihren ethisch und religiös fundierten Pragmatismus ein. Diese Palette divergenter theoretischer und weltanschaulicher Überzeugungen spiegelte dann in zunehmendem Maße die Wirklichkeit des Verhältnisses von Theorie und Praxis der unterschiedlichen Parteien des demokratischen Sozialismus bis in die 1980er Jahre wider. Seither kann von einer verbindenden sozialistischen Theorie im engeren Sinne kaum noch gesprochen werden, auch wenn die universellen Grundrechte in ihrer ganzen Bandbreite, vor allem also einschließlich der sozialen und wirtschaftlichen, die von allen sozialdemokratischen Parteien geteilte Handlungsrundlage darstellen. Dies wird auch in der von Willy Brandt beeinflussten, weiterhin gültigen kurzen Prinzipienerklärung der Sozialistischen Internationale aus dem Jahre 1989 überaus deutlich.

Literatur

Euchner, W., 1991 (Band I)

Kremendahl, H. / Meyer T. 1974 (Band I)

Meyer, T. 1977

Potthoff, H. / Miller, S. 2005

Sassoon, D. 1996

4 Sozialismus im 20. Jahrhundert

4.1 Die Sozialismus-Kommunismus-Kontroverse

Die Kontroverse

Grundlegend für die Klärung des wechselseitigen Selbstverständnisses von Kommunismus und demokratischem Sozialismus war die ursprüngliche Debatte über die „Diktatur des Proletariats" in der Phase der Spaltung der Arbeiterbewegung. Diese Diskussion hatte drei Ebenen. Sie enthält einmal die Frage nach dem Gehalt des Begriffs der „Diktatur des Proletariats" bei Karl Marx und Friedrich Engels selbst, auf die sich ja die Kontrahenten zu diesem Zeitpunkt gemeinsam beriefen. Sie bezieht sich zum anderen auf die Frage nach dem Wesen einer jeden Revolution, der Notwendigkeit und dem Ausmaß an unvermeidlicher Unterdrückung. Und die stellt drittens die Legitimationsgrundlagen bolschewistischer Herrschaft in Russland zur Debatte.

Die Diskussion entspann sich in der Zeit zwischen 1918 und 1923 zwischen Karl Kautsky, Vladimir Iljitsch Lenin und Leo Trotzki. Mit seiner 1918 verfassten Schrift „Die Diktatur des Proletariats" griff Kautsky Theorie und Praxis des bolschewistischen Staatverständnisses an. Er wollte damit für die sich abzeichnende deutsche Revolution die Fronten klären. Lenin verfasste seine Antikritik noch im selben Jahr. Sein Buch „Die proletarische Revolution und der Renegat Kautsky" wollte nicht nur die Kautskyschen Argumente entkräften, sondern ihren Autor selbst als sozialistisch relevanten Diskussionspartner diskreditieren, indem er als ein bürgerlicher Theoretiker entlarvt wurde. Auf Lenins Buch replizierte Kautsky unter dem Titel „Terrorismus und Kommunismus" 1919. Die bolschewistische Erwiderung hierauf verfasste Trotzki. Sie erschien unter demselben Titel „Terrorismus und Kommunismus" 1920. Kautsky antwortet noch einmal mit seiner Schrift „Von der Demokratie zur Staatssklaverei" im folgenden Jahr.

Diktatur des Proletariats

Kautsky beginnt seine Kritik mit dem Schlüsselargument, das den Grundgedanken Bernsteins aus seiner Begründung der revisionistischen Marxismuskritik auf greift und in der Folgezeit für den demokratischen Sozialismus zum Leitmotiv geworden ist. Es sei in der sozialistischen Theorie üblich geworden, zwischen Demokratie und Sozialismus, verstanden als Vergesellschaftung der Produktionsmittel und der Produktion, in der Weise zu unterscheiden, dass letztere als Endziel und eigentlicher Zweck des sozialistischen Projekts erscheint, die Demokratie aber als ein bloßes Mittel zum Zweck, das unter Umständen als ungeeignet verworfen werden könne. Diese Vorstellung beruhe aber auf einem Missverständnis, denn in letzter Analyse sei nicht der Sozialismus das Endziel, sondern die Aufhebung „jeder Art der Ausbeutung und Unterdrückung, richte sie sich gegen eine Klasse, eine Partei, ein Geschlecht, eine Rasse" wie es im Erfurter Programm (1891) beschrieben sei.

Die sozialistische Produktionsweise sei nur darum zum politischen Zweck geworden, weil sie unter den gegebenen technischen und ökonomischen Bedingungen als das einzige Mittel erscheint, das eigentliche Ziel erreichen zu können.

> **Karl Kautsky:** *Die Diktatur des Proletariats, 1918*
> „Würde uns nachgewiesen, dass wir darin irren, dass etwa die Befreiung des Proletariats und der Menschheit überhaupt auf der Grundlage des privaten Eigentums an Produktionsmitteln allein oder am zweckmäßigsten zu erreichen sei, wie noch Proudhon annahm, dann müssten wir den Sozialismus über Bord werfen, ohne unser Endziel im geringsten aufzugeben, ja wir müssten es tun, gerade im Interesse dieses Endziels."[3]

Anders als Bernstein hält Kautsky hier zwar an der Identifizierung von Sozialismus und Vollsozialisierung fest, gelangt auf dieser Basis aber dennoch zu einer überaus deutlichen Unterscheidung zwischen Zweck und Mittel des Sozialismus. Dies ist ein entscheidendes Argument, denn erst auf dieser Basis wird innerhalb der sozialistischen Theorie eine Debatte über die Rolle der Demokratie möglich.

Kautsky formuliert in seiner Kritik an der sowjetrussischen Herrschaftspraxis als zweites wichtiges Argument den Gedanken, dass die Chance des Aufbaus einer sozialistischen Gesellschaft von den Bedingungen abhängt, unter denen sie begründet und vollzogen wird. Er weist darauf hin, dass Tempo, Ausmaß und Form einer sozialistischen Umgestaltung von Gesellschaft und Ökonomie von der Reife des Proletariats abhänge, nämlich von dessen Fähigkeit, sich die entsprechenden Ziele selbst zu setzen und aktiv zu verfolgen. Er kritisiert die kommunistische Diktatur nicht, weil sie im dogmatischen Sinne ein Überspringen des kapitalistischen Stadiums darstellt, sondern weil sie unter Bedingungen erfolgt, die die Selbstbildung des Proletariats zu einer Klasse mit einem sozialistischen Selbstverständnis und eigenen demokratischen Erfahrungen ausschließt. Sozialismus sei schließlich nicht allein die unbehinderte Entwicklung der

---

[3] Kautsky 1918: 5

Produktivkräfte, sondern und vor allem auch einer höher entwickelte Demokratie verglichen mit den Möglichkeiten, die der Kapitalismus dafür bietet.

Kautsky unterscheidet zwischen den Bedingungsfaktoren, die der „ökonomischen Entwicklung" des Kapitalismus entspringen, und denen, die dem demokratischen Rahmen entwachsen, der in den fortgeschrittenen kapitalistischen Gesellschaften die Herausbildung einer selbstbewussten Arbeiterklasse ermöglicht. Zur ersten Gruppe gehören die Entwicklung des Großbetriebs mit dem Effekt der Proletarisierung breiterer Bevölkerungsschichten und der hieraus resultierende „Wille zum Sozialismus". Entscheidend aber ist, dass diese objektiven Faktoren für die Herbeiführung des Sozialismus nicht ausreichen. Erst der Erwerb des Bewusstseins und der Fähigkeit des Proletariats für dessen Aufbau machen ihn möglich. Diese „Reife" gewinnt das Proletariat im Klassenkampf, wenn er als ein strukturierter Kampf von politisch organisierten Klassen unter den Bedingungen der politischen Demokratie über einen längeren Zeitraum hinweg geführt werden kann.

Nur in Kämpfen um reale Reformen und fortschreitende Demokratisierung erwerben die organisierten Arbeitermassen jene Erfahrungen und Kenntnisse, jenes Selbstbewusstsein, das für den Aufbau einer sozialistischen Gesellschaft unerlässlich ist. Das setzt von Anbeginn eine Beteiligung der Arbeiter an allen sie betreffenden politischen und sozial-ökonomischen Entscheidungen voraus. Darin bestehe schließlich der eigentliche Sinn des Sozialismus.

Kautsky setzt dabei voraus, und das ist das dritte zentrale Argument zur Unterscheidung der beiden Flügel der Arbeiterbewegung, dass der Sozialismus die Übertragung der Demokratie auf die Ökonomie sei und daher nur von einem Proletariat bewerkstelligt werden könne, dass in die Praxis der Ausübung und Organisation von Demokratie schon eingeübt sei. Zu dem gewährleiste die Demokratie am besten das Abschätzen der Klassenverhältnisse, da in den Wahlergebnissen auch sichtbar wird, wie groß die Zahl der Proletarier jeweils schon sei, die zu einer aktiven Unterstützung der sozialistischen Ziele bereit sei und darum auch als Mitwirkende an dem Projekt in Betracht kommen. Insofern bietet die Demokratie auch den entscheidenden Gradmesser für den Entwicklungsstand des sozialistischen Bewusstseins in der Arbeiterklasse.

Partei und Klasse

Kautsky fügt all dem ein modernes Argument hinzu. Die Vorstellung, der Marxschen Andeutung zufolge sei eine direkte Gesetzgebung im Rahmen einer Rätedemokratie die angemessene Staatsform für die Transformation der kapitalistischen zur sozialistischen Gesellschaft, unterschätze heillos die hohe Komplexität der modernen Industriegesellschaften. Jede nicht repräsentative Kontrolle der Exekutive und jeder Versuch durch flächendeckende direkte Gesetzgebung eine Industriegesellschaft zu steuern, müsse beim gegenwärtig erreichten Entwicklungsstand Illusion bleiben. Unschlüssig sei außerdem der von Kommunisten erhobene Anspruch, dass eine Partei des Proletariats inhaltlich gesehen in jedem Falle einen Anspruch auf Demokratie erheben könne, da sie ja schließlich die gesellschaftlichen Mehrheit vertrete, solange die Mehrheit diesen Anspruch nicht durch aktive Zustimmung einlöst. „Partei und Klasse brauchen also nicht zusammen fallen. Eine Klasse kann sich in verschiedene Parteien spalten." Eine Klasse als solche könne im Gegensatz zur kommunistischen Behauptung niemals regieren. Erst in der Form einer politischen Organisation als Partei seien Klasseninteressen politisch realisierbar. Eine Partei kann darum niemals mit der Klasse, die zu vertreten sie beansprucht, identisch sein. Durchaus nahe liegend ist, wie ja die russische Parteispaltung in Bolschewiki und Menschewiki auch erwies, dass mehrere Parteien den Anspruch erheben, dieselbe Klasse zu repräsentieren. Schon aus diesem Grunde seien das Recht auf Opposition und der Schutz von Minderheiten auch in einer sozialistischen Demokratie unbedingt erforderlich.

Marx' Demokratiebegriff

Die Kommunisten, so Kautsky, missbrauchten Marx' Begriff der „Diktatur des Proletariats", denn dieser habe das volle Stimmrecht in dieser Staatsform für das ganze Volk verlangt. Diktatur sei für Marx nicht eine bestimmte, der Demokratie entgegen gesetzte Regierungsform gewesen, sondern der Zustand, der notwendigerweise überall eintreten müsse, wo das Proletariat die politische Macht erobert hat, nämlich auf dem Wege der Mehrheitsbildung und der Mehrheitsunterstützung. Marx meine nicht die Aufhebung der Demokratie, wenn er „Diktatur des Proletariats" als Staatsform im Übergang zum Sozialismus sieht, sondern einen Zustand, „der bei überwiegendem Proletariat aus der reinen Demokratie notwendig hervor geht". Daher zeige schon die bloße Notwendigkeit der Kommunisten, die demokratische Legitimation scheuen zu müssen, nichts anderes als die Unreife der gegebenen gesellschaftlichen Verhältnisse für die sozialistische Transformation im Sinne der Marxschen Theorie. Denn in Russland sei eben das Proletariat weder genügend zahlreich, noch genügend selbstbewusst, um eine sozialistische Partei an die Macht zu bringen. Sozialismus ohne Demokratie aber sei ein glatter Widersinn.

Lenins Antwort

In Lenins Gegenangriff spielt vor allem der in allen späteren sozialistisch-kommunistischen Kontroversen zentrale Gesichtspunkt eine Rolle, dass politische Demokratie ohne Sozialismus nichts anderes sei als „bürgerliche Demokratie" im Sinne einer Herrschaft der kapitalistischen Klasse. Lenin reduziert Bedeutung, Inhalt und Möglichkeit der Demokratie gänzlich auf die sie begleitenden Produktionsverhältnisse. Als einem offenen Verfahren zur Vorbereitung und Durchführung politischer Entscheidungen, z.B. auch zur Korrektur der jeweils gegebenen Produktionsverhältnisse komme ihr hingegen keinerlei Wert zu. Demokratie erscheint darum nicht als eine bereits im Sinne der Ziele des Sozialismus zu verbuchende, wenn auch in ihrer Reichweite begrenzte Errungenschaft, die von der sozialistischen Bewegung gerade fest zu halten und weiter zu bilden sei, sondern lediglich als ein abhängiger funktionaler Aspekt, der vom Kapitalverhältnis total bestimmten gesellschaftlichen Verhältnisse. Demokratie ist eine Funktion der kapitalistischen Produktionsverhältnisse und nicht eine relativ autonome politische Grundstruktur, die auch die Möglichkeit zum Einwirken auf die Produktionsverhältnisse und ihrer Transformation bietet.

Die Demokratie enthält darum in Lenins Argumentation keinerlei Potential, als ein Autonomie sicherndes Entscheidungssystem zu fungieren, in dem politische Konzeptionen, wie auch der Sozialismus, sich nach Anhängerzahl und Überzeugungskraft bewähren und heranbilden können. Sie wird vollständig auf ihre Administrationsfunktion für bestehende Produktionsverhältnisse zurückgeführt. „Für einen Liberalen ist es natürlich, von „Demokratie" schlechthin zu sprechen. Ein Marxist wird nie vergessen zu fragen: „Für welche Klasse?"[4]

Die restlose Funktionalisierung der politischen Demokratie zum Administrationssystem der jeweils vorherrschenden Produktionsverhältnisse schließt die Berücksichtigung des Kautskyschen Hauptargumentes der Demokratie als Lernfeld für die Herausbildung der Arbeiterklasse aus. Sie zieht in Lenins Argumentation auch die Ablehnung des Pluralismus und des Minderheitenschutzes nach sich, da diese ja den Fortbestand eben jener demokratischen Verhältnisse verlangen würden, die der Definition gemäß nichts anderes sein können, als die Sicherung der Kapitalistenherrschaft.

Diktatur bedeutet für Lenin zwar nicht unbedingt die Aufhebung der Demokratie für die Klasse, die diese Diktatur ausübt. Sie bedeutet aber „unbedingt die Aufhebung der Demokratie" (oder ihre äußerst wesentliche Einschränkung, was auch eine Form der Aufhebung ist) „für die Klasse, über welche oder gegen welche die Diktatur ausgeübt wird". Indem die

---

[4] Lenin 1918

Diktatur als Staatsform interpretiert und als genaue Entsprechung der Interessen der Arbeiterklasse aufgefasst wird, schließt Lenin von vornherein demokratische Organisationsformen aus, die einen Pluralismus von Parteien und politischer Interessenartikulation ermöglichen, da ja die Arbeiterklasseklasse seiner Auffassung gemäß immer nur durch eine, nämlich die kommunistische Partei repräsentiert werden könne.

Demokratie kann es demzufolge allenfalls noch innerhalb der kommunistischen Partei geben, was aber durch die Definition der Strukturen und der theoretischen Legitimationsgrundlagen kommunistischer Parteien, wie Lenin sie an anderer Stelle vortrug, nur in äußerst eingeschränkter Weise denkbar ist. Lenin definiert in einer für die ganze nachfolgende kommunistische Geschichte und auch die Möglichkeit der Herausbildung des Stalinismus folgenreichen Weise, „dass die Diktatur eine Macht ist, die an keinerlei Gesetze gebunden ist".[5]

Damit verallgemeinert er die singuläre russische Erfahrung, ohne einen demokratischen Rahmen die sozialistische Transformation der Gesellschaft zu vollziehen, zur allgemeingültigen kommunistischen Theorie. Für ihn ist die Durchführung der Vollsozialisierung das einzige maßgebliche Kriterium des Sozialismus, die politische Organisationsform des Staates hat sich danach zu richten, ob sie diese rasch und reibungslos ermöglicht oder nicht. Angesichts dieses staatstheoretischen Finalismus können Fragen nach der Struktur der Mitentscheidung der Arbeiter in Politik und Wirtschaft keine Rolle spielen.

Die Alternative, entweder Diktatur der Bourgeoisie oder Diktatur des Proletariats, bestimmt allein nach den jeweils realisierten Produktionsverhältnissen, schließt eine eigenständige Debatte über die Organisation der gesellschaftlichen Teilhabe an den zentralen gesellschaftlichen Entscheidungen aus. Damit unterläuft Lenin sämtliche von Kautsky benutzten Differenzierungen, wie die zwischen Partei und Klasse, Reife und Unreife des Proletariats. Das Verfahren der Willensbildung und Entscheidungsfindung, die Geltung politischer und persönlicher Rechte werden durch diese Dichotomie zu substanzlosen Anhängseln der jeweiligen Eigentumsstrukturen und Produktionsverhältnissen einer Gesellschaft ohne jeglichen Eigenwert.

Ob das Wahlrecht in proletarischen Diktaturen immer eingeschränkt werden muss, hält Lenin für eine historisch variable Frage. Dass die Bourgeoisie stets zu entrechten sei, ist ihm zufolge ein universaler Zug proletarischer Diktatur. Für diese Notwendigkeit führt Lenin folgenden Grund an. Auch nach vollbrachter proletarischer Revolution können nicht alle Kapitalisten auf einmal enteignet werden, außerdem können sie erst in dem

---

[5] Lenin 1918

Maße abgesetzt werden, wie sie durch geschulte Arbeiter ersetzt werden können. Dadurch behalten die Ausbeuter noch längere Zeit eine Reihe von Vorrechten. Sie verfügen noch über Geld, überlegene Organisations- und Verwaltungserfahrung, höhere Bildung, größere Routine und internationale Verbindungen zu anderen Ausbeutern.

Um dennoch zu verhindern, dass sie irgendeine politische Rolle spielen, müssen ihnen daher alle Mitwirkungsrechte entzogen werden. Hans Kelsen erhob gegen dieses Argument den Einwand, welche Rechtfertigung es für den Entzug des Wahlrechts für jene Vertreter des Bürgertums geben könne, die von der sozialistischen Regierung weiterhin als notwendige Glieder der Gesellschaft betrachtet werden, zudem dann die gesamte Staatsmacht ja ohnehin schon in den Händen der proletarischen Partei konzentriert sei.

Kennzeichnend ist jedoch, dass Lenin doch nicht ganz auf das Demokratieargument zur Legitimation der Sowjetherrschaft verzichten kann und deren Überlegenheit gegenüber der bürgerlichen Demokratie auch nach dem Maßstab der Demokratie als Verfahren beweisen möchte. Er weist darauf hin, dass die kostenlosen Versammlungsmöglichkeiten, die die Sowjetgesellschaft den Massen bietet, deren „millionenfache" demokratische Überlegenheit über den bürgerlichen Staat erweise. Er lässt in einer eigentümlichen Zwiespältigkeit erkennen, dass trotz des anti-demokratischen Hauptstranges seiner Argumentation auch der „formale" Demokratiebegriff als Legitimationsgrundlage für die kommunistische Herrschaft nicht gänzlich seine Bedeutung verloren hat.

Im Kern jedoch lässt Lenins Staatsbegriff, demzufolge der Staat immer nur „eine Maschine zur Unterdrückung einer Klasse" ist, interne organisationsstrukturelle Differenzierungen, Graduierungen und den eigenständigen Wert demokratischer Legitimationsverfahren als sinnvolle Fragestellungen nicht mehr zu. Er weist der gesamten Demokratietheorie die Rolle einer Ideologie der bürgerlichen Klasse zu. Dem Schwanken zwischen der Verspottung der „bürgerlichen" Demokratie und der Reklamation der Diktatur des Proletariats als der besseren Demokratie entspricht ein Schwanken zwischen Lenins Neigung, die russische Not aus der Unterentwicklung als Tugend jeder wahrhaft marxistischen Bewegung für alle Kommunisten verbindlich zu machen und seinen Versuchen, die eigene diktatorische Praxis dann doch wieder mit den spezifischen Umständen des eigenen Landes zu rechtfertigen.

Trotzki

Leo Trotzki fügte in seinem Buch „Terrorismus und Kommunismus" der Begründung dieses Diktaturverständnisses eine geschichtsphilosophische

Dimension hinzu, die in der ganzen nachfolgenden kommunistischen Theoriegeschichte stets eine ausschlaggebende Rolle gespielt hat. Die Demokratie habe für die Durchsetzung der bürgerlichen Interessen und der Errichtung des Kapitalismus eine geschichtlich fortschrittliche Rolle gespielt. Dies sei aber im Zeitalter des Imperialismus nicht mehr der Fall, so dass es widersinnig geworden sei, noch immer an der Demokratie festhalten zu wollen. In ihr geben kleinbürgerliche Massen den Ausschlag, die an der Produktion selbst nicht mehr konstruktiv beteiligt sind. Das Kleinbürgertum ist nicht in der Lage, in den Parlamenten die geschichtlich „richtigen" Entscheidungen zu fällen. Darum sei der demokratische Parlamentarismus unfähig, „die fundamentalen Fragen der historischen Entwicklung zu lösen".

Trotzki kehrt das Kautskysche Argument um. Da die Demokratie nicht die von „avantgardistischen" Sozialisten für fällig gehaltene historische Problemlösung „rechtzeitig" hervorbringt, erweist sich nicht die mangelnde Reife des Proletariats als Grundproblem, sondern eine mangelnde Tauglichkeit ihres Entwicklungsmessers „Demokratie".

Der Sozialismus ist daher „unabhängig von dem oberflächlichen Kräfteverhältnis im Parlament" einzuführen, um so den notwendigen „Anschauungsunterricht" zu ermöglichen, der die kleinbürgerlichen Massen aus der „kapitalistischen Hypnose" befreit. Es ist das Wissen von den Geschichtsgesetzen, das allein die Staatsform und ihre Handhabung legitimiert. Um das Werk der Geschichte zu vollenden, ist Trotzki zu Folge auch der Terrorismus des Staates, den Kautsky an der bolschewistischen Praxis kritisiert hatte, ein legitimes Mittel.

4.2 Revisionistische Diskurse

Gespaltener Begriffsgebrauch

Der Ausdruck „Revisionismus" wurde in den sozialistischen Traditionen des 20. Jahrhunderts in mehrfacher Bedeutung verwendet. Im Herrschaftsbereich der *kommunistischen Orthodoxie* galt jegliche Abweichung vom parteioffiziell verordneten Kurs in Theorie und Praxis als Revisionismus und damit zugleich als eine unwissenschaftliche Herangehensweise an die Fragen des Sozialismus, darüber hinaus stets auch als ein Verrat an den „wahren" Interessen der Arbeiterklasse und damit letztlich sogar der Menschheit. Insofern war Revisionismus in dieser Theorie-Welt nicht nur eine spezifische, vom Hauptstrom abweichende Orientierung, sondern letztlich ein Verbrechen. Die Zuordnung von Akteuren und Akteursgruppen zum Revisionismus war daher in der kommunistischen Welt stets gleichbedeutend mit Verfolgung. Revisionisten waren in diesem Verständnis Verfälscher einer feststehenden Wahrheit und galten als „trojanische Pferde der Bourgeoisie in der Arbeiterbewegung".

Aber auch in großen Teilen der sozialdemokratischen Parteien und ihrem intellektuellen und akademischen Umfeld galten bis in die Zeit der demokratischen Revolution Osteuropas im Jahre 1989 hinein Revisionisten, die sich explizit auf die Lehren Eduard Bernsteins und ihrer Tradition bezogen oder sich in ähnlicher Weise theoretisch fundiert gegen die marxistische Ideenwelt zu behaupten versuchten, als Abweichler und eher fragwürdige Weggenossen, deren Treue zu den Zielen des sozialistischen Projekts auch dann noch in Frage gestellt zu werden pflegte, wenn sie sich ganz ausdrücklich dazu bekannten. Im Gegensatz zu dem eigenen Anspruch, den sie erhoben, wurde den sozialistischen Revisionisten fast immer eine fahrlässige oder mutwillige Preisgabe der eigentlichen großen Endziele der Bewegung unterstellt. Dies traf in dem Sinne tatsächlich zu, dass die Revisionisten innerhalb des demokratischen Sozialismus so gut wie ausnahmslos mit der Einnahme einer realistischen Perspektive auf der Ebene ihrer Gesellschaftsanalyse auch eine Kritik an den Erlösungserwartungen des sozialistischen „Endziels" verbanden.

Tatsächlich hat sich die gesamte Theorie- und Programmgeschichte der sozialdemokratischen bzw. demokratisch-sozialistischen Parteien im 20. Jahrhundert als ein Wechselspiel zwischen versuchten Reaktualisierungen des Marxismus und einer revisionistisch orientierten Kritik an ihm vollzogen. Die Frage des Revisionismus konnte dabei überhaupt nur in solchen Parteien beziehungsweise linken Teilöffentlichkeiten ein Rolle spielen, in denen die ein oder andere Variante des Marxismus eine starke Vormachtstellung behauptete, verbunden mit dem Anspruch, letztlich allein oder in besonderer Weise für die Begründung und Formulierung sozialistischer Theorie und Programmatik legitimiert zu sein.

Zu diesem Parteien zählten lange Zeit auch die österreichische und die deutsche Sozialdemokratie, die französische sozialistische Partei und in gewissem Maße auch die britische Labor-Partei, die ihre Ursprünge eigentlich auf fabianische Traditionen zurückführte. Dem Inhalt nach konsequent revisionistische Konzepte, wie etwa der „funktionale Sozialismus" des schwedischen Sozialismustheoretikers *Gunnar Adler-Karlsson* wurden hingegen in den skandinavischen Parteien nicht als Revisionismus kategorisiert, da sie dort dem seit Jahrzehnten vorherrschenden Denken in der Sozialdemokratie und ihren intellektuellen Umfeldern entsprachen und im übrigen eine marxistische Orthodoxie den entsprechenden Parteien fremd war.

Der Links-Kantianismus

Als hauptsächlicher, in den sozialdemokratischen Parteien Europas im Verlaufe des 20. Jahrhunderts schließlich erfolgreicher Gegenspieler zu den verschiedenen Spielarten des Marxismus hat sich der ethische Sozialismus erwiesen. Auch er trat in mehreren unterschiedlichen Varianten in Erscheinung. Zu ihnen ist in der Gegenwart durchaus auch die Theorie von *Jürgen Habermas* mit ihren Konzepten einer Diskurs-Ethik und der auf sie gestützten deliberativen Demokratie zu rechnen, die in den zeitgenössischen Programmdebatten einer Reihe sozialdemokratischer Parteien, unter ihnen die französische und die deutsche, eine Rolle spielen.

Auf theoretischer Ebene kann der ethische Sozialismus als die umfassendste und anspruchsvollste Alternative zum Marxismus betrachtet werden, da auch er mit dem Anspruch auftritt, eine Gesamtbegründung des Sozialismus zu bieten.

Kant gehört nicht nur zu den Klassikern der Theorie des politischen Liberalismus, er kann neben *John Locke* als einer ihrer systematischen Begründer gelten. Kant hat den politischen Liberalismus in exemplarischer Form und Tiefe mit universellem Geltungsanspruch begründet, blieb aber auf der Ebene des politischen Anwendungsdiskurses nicht frei von Verengungen und Partikularismen, die als bürgerliche interessenpolitische Brechungen interpretiert worden sind. Seine Grundlegung und Entfaltung der klassischen Theoriestücke des Liberalismus hat in der nachfolgenden Tradition immer eine paradigmatische Bedeutung behalten. Das gilt für seine Theorien der Freiheit, des Rechts, der Öffentlichkeit und der moralischen Grundlagen legitimer Herrschaft gleichermaßen. Dennoch blieb er innerhalb der politischen Ideengeschichte als politischer Philosoph eher unterschätzt.

Kant war trotz der in seinem historischen Kontext begründeten massiven liberalistischen Partikularismen in jeder Hinsicht das Gegenteil eines liberalen Ideologen. Aus seiner auf exemplarische Weise *universalistisch orientierten rationalen Argumentation* erklärt sich der bemerkenswerte Umstand, dass der Kantische philosophische und politische Liberalismus zugleich zur Quelle einer theoretisch anspruchsvollen und politisch einflussreichen Tradition des *liberalen* Sozialismus in Deutschland geworden ist, die über die Neukantianer *Hermann Cohen, Karl Vorländer* und *Leonard Nelson* zum *Godesberger Programm* der SPD von 1959 geführt hat – einem Text, der nicht lediglich eine parteipolitische Bedeutung hat, sondern weltweit als Paradigma eines ethisch fundierten liberalen Sozialismus verstanden wird und fortwirkend als einer der Eckpfeiler der Konzeption moderner sozialer Demokratie gelten kann. Diese Tradition des Links-

Kantianismus ist für die philosophische Fundierung der Theorie der sozialen Demokratie von fortwirkender Bedeutung.

Eine Schlüsselrolle in der praktischen Philosophie Kants spielen die Prinzipen der Autonomie und der Gleichheit, im Sinne eines universalistischen Freiheitsverständnisses als gleicher Freiheit aller. Die Gleichheit wird nach Kant dann verfehlt, wenn irgend ein Mitglied der Gesellschaft – vom Staatsoberhaupt abgesehen – andere würde *zwingen dürfen, ohne durch andere Gegenwirkung wiederum gezwungen werden zu können.*

In einer nach solchen Prinzipien verfassten Gesellschaft wären also weder ungleiche Begrenzungen des Glücksstrebens noch einseitige Abhängigkeitsverhältnisse bei Entscheidungen, die andere Personen betreffen, zulässig. Ihre Legitimationsgrundlagen wären folglich universell, nämlich von jedermann akzeptierbar und in diesem Sinne universalistisch vernünftig begründet. Der Grundsatz, „keinen äußeren Gesetzen zu gehorchen, als zu den ich meine Beistimmung habe geben können", verbürgt die gleiche Autonomie aller Personen. Eine solche Verbindung von Freiheit und Gleichheit stellt die Einhelligkeit der politischen Ordnung mit den Grundsätzen praktischer Vernunft her. Er ist die genaue Entsprechung der dritten Fassung des kategorischen Imperativs, Menschen nie mehr als bloße Mittel missbrauchen zu dürfen. Es ist diese Verfassung der Gesellschaft, die Kant den *„bürgerlichen Zustand"* nennt.

Die Frage, was die für das Kantische Gerechtigkeitsverständnis zentrale *Einstimmigkeit der Freiheit aller* im *sozialen* Zusammenleben verlangt, ist zum Ausgangspunkt der Links-Kantianer geworden, die sich ausdrücklich dem Sozialismus zuwandten.

Die generativen Ideen des Links-Katianismus

Die gegen Ende des neunzehnten Jahrhunderts mit *Hermann Cohen* einsetzende und danach kontinuierlich betriebene *liberal-sozialistische* Lektüre der Kantischen Moral- und Rechtsphilosophie war insbesondere um die Trennung des universalistisch Gültigen vom historisch Partikulären und Kontingenten bei Kant bemüht und hatte überraschende Folgen.

Die Kantische Ethik ist sei den achtzehnhundertneunziger Jahren von Fachphilosophen, die mit seinem Werk und den Traditionen seiner Rezeption hervorragend vertraut waren, zu einer *sozial-politischen Philosophie* weiterentwickelt wurden, die weitgehend auf der Annahme basierte, es handle sich dabei im Wesentlichen um nichts anderes als die Überwindung des historisch Kontingenten in ihr zugunsten einer konsequenten Entfaltung und politischen Anwendung der notwendigen Erkenntnisse seiner Ethik. Die unterschiedliche Weise der Anknüpfung an das Kantische Autonomie-Argument *beim Übergang zu den notwendigen sozialen Grundlagen gleicher Freiheit* führte zu zwei höchst verschiedenartigen Varianten des liberalen Sozialismus, die beide für die theoretische Grundlegung der soziale Einbettung des Kapitalismus bedeutsam waren, aber über ein höchst unterschiedliches Potential des Umgangs mit komplexen Sozial- und Wirtschaftsystemen verfügen.

Hermann Cohen: Genossenschaftlichkeit als soziales Prinzip

Der Marburger Neukantianer *Hermann Cohen* hat 1896 sein berühmt gewordenes Diktum formuliert, Kant sei „der wahre und wirkliche Urheber des deutschen Sozialismus"[6]. Cohens Argument basiert darauf, dass die dritte Formulierung des kategorischen Imperativs bei Kant in ihrer logischen Konsequenz zu nichts anderem führen könne, als einem Sozialismus auf der Grundlage eines für alle öffentliche Institutionen verbindlichen Rechtsprinzips der Genossenschaftlichkeit als *gleichberechtigter Entscheidungsteilhabe* der von den jeweiligen Entscheidungen Betroffenen.

Wenn im Sinne dieser Fassung der kategorische Imperativ verlangt, dass wir die Menschheit in unserer Person und in der eines jeden Anderen jederzeit zugleich als Zweck und niemals als bloßes Mittel behandeln dürfen, so enthält diese Norm, Cohen zufolge, in konsequenter Lesart eine eindeutige Anweisung für die Verfassung *aller* gesellschaftlichen Institutionen. Keine soziale Institution, in der verbindlich über die Freiheit Anderer entschieden wird, darf durch ein Entscheidungsverfahren gekennzeichnet sein, das von diesen Entscheidungen betroffene Personen von ihrem Zustandekommen ausschließt. Alle Personen müssen an ihnen gleichberechtigt und gleichrangig mitwirken können, da die von ihnen Ausgeschlossenen andernfalls zum bloßen Mittel für die Zwecke der entscheidenden Personen würden. Mithin entspreche allein ein liberaler Sozialismus, der insbesondere die wirtschaftlichen Institutionen und Organisationen nach dem genossenschaftlichen Rechtsprinzip der gleichen Entscheidungsteilhabe organisiert, der Kantischen Moral- und Rechtslehre.

Cohen vollzog 1896 den Schritt einer umfassenden gesellschaftlich-politischen Anwendung der kantischen Ethik, der eine lange und wirkungsvolle Tradition des liberalen Sozialismus auslösen sollte. Er eröffnete die theoretisch anspruchsvolle und politisch folgenreiche Tradition des *Links-Kantianismus*. Für ihn kann die Selbstzweckform des kategorischen Imperativs in einer von partikulären Interessen und tagespolitischen Voreingenommenheiten nicht mehr verkürzten Lesart nichts anderes bedeuten, als dass alle Individuen gesetzgebende Glieder all jener sozialen Institutionen werden, an welchen sie teilhaben. In dem Augenblick nämlich, in dem

---

[6] Cohen 1896

beispielsweise in einem kapitalistisch verfassten Privatunternehmen die dort Beschäftigten von der Bestimmung der Ziele, der Strategie und den Tagesentscheidungen des Unternehmens ausgeschlossen bleiben, werden sie im Sinne der kantischen Formel als bloße Mittel für die wirtschaftlichen Zwecke anderer gebraucht.

Cohen zufolge entspricht die Idee der Menschheit als einem Reich der Zwecke, in dem jeder einzelne Mensch die Idee der Menschheit verkörpert, nur eine, wie *Hermann Heller* es später nennen wird, gesellschaftliche Gesamtverfassung, in der alle Institutionen nach dem Rechtsprinzip der Genossenschaftlichkeit verfasst sind.

Kant selber sei, so Cohen, zu dieser notwendigen und naheliegenden sozio-politischen Konsequenz des kategorischen Imperativs nur deshalb nicht vorgedrungen, weil er allgemein, im Gegensatz zur liberalen Haupttradition, auf Fragen der politischen und gesellschaftlichen Institutionalisierung ein zu geringes Interesse gewendet habe. Er habe vorausgesetzt, dass das Reich der Zwecke als eine innere Vereinigung der guten Willen, gleichsam als eine unsichtbare Kirche, nicht umfassend institutionell dargestellt werden könne.

Es ist die soziale Institution der Genossenschaft als juristischer Person, die Cohen zufolge allein durch die Autonomie aller an ihr Beteiligten, durch eine Entscheidungsbeteiligung aller ihr Zugehörigen in gleicher Freiheit konstituiert ist. Sie ist eine Einheit aus gleicher Freiheit. Für die Staatsverfassung bedeutet der kategorische Imperativ der Genossenschaftlichkeit als Grundnorm aller gesellschaftlichen Institutionalisierung das gleiche und direkte Wahlrecht, also die Demokratie und den Schutz der individuellen Grundrechte aller. Darüber hinaus aber verlangt er eine auf allen ihren institutionellen Ebenen vollständig demokratisierte Gesellschaft.

Diese sozial-ethische Interpretation der kantischen Ethik beinhaltet die radikalst mögliche Form von Kapitalismuskritik, denn sie bezieht diese nicht erst auf die Ebene der Wohlstandsverteilung, sondern schon auf die Grundlagen seiner Institutionalisierungsform selbst und lässt daher eine pragmatische Abwägung der Funktionen und Leistungen des kapitalistischen Wirtschaftssystems gegen andere gesellschaftliche Zielsetzungen und Interessen nicht zu. Der auf dem freien Privateigentum an den Produktionsmitteln beruhende Kapitalismus ist in dieser Sicht als solcher nichts anderes als die institutionalisierte Heteronomie und darum nicht aufgrund seiner Leistungen und Ergebnisse, sondern bereits im Hinblick auf die Grundsätze seiner elementaren institutionellen Verfassung im Widerspruch zum kategorischen Imperativ.

Cohen zufolge ist gesellschaftliche Demokratie und darum vor allem auch ökonomische Demokratie um der Ausübung der sittlichen Selbstbestimmung und Verantwortlichkeit aller von ihren Entscheidungen betroffenen willen unbedingt notwendig. Er sieht in der Realisierung dieses Projekts zwar ebenso wie Kant im Hinblick auf das Reich der Zwecke eine unendliche sittliche Aufgabe, der sich die Gesellschaft in Reformprozessen immer nur annähern kann, das Ziel selber und die Notwendigkeit dieses Prozesses der zielstrebigen Annäherung gelten aber unbedingt.

Die Eindimensionalität dieser Beziehung zwischen ethischem Grundwert und sozialer Institutionalisierung wirft, auch wenn ihr grundlegendes Motiv anerkannt wird, eine Reihe von Institutionalisierungsproblemen auf, weil sie das politische Entscheidungsprinzip in allen gesellschaftlichen Subsystemen deren jeweiligen Funktionslogiken überordnet. Sie lässt daher unter anderem auch kein pragmatisch bestimmtes Zweck-Mittel Verhältnis zwischen ethisch-politischen Zielsetzungen und Wirtschaftsverfassung mehr zu. Sie ist gleichwohl, wirkungsgeschichtlich vermittelt über den Revisionismus Eduard Bernsteins, der sich explizit darauf bezog, zur Hauptquelle des Diskurses über gesellschaftliche Demokratisierung in der deutschen Arbeiterbewegung geworden. Von dieser prinzipiellen sozialmoralischen Position aus ist es aber schwer, Anschluss an eine realistischen Wirtschafts- und Gesellschaftskonzeption zu finden, die die Funktionsbedingungen der gesellschaftlichen Subsysteme auf angemessene Weise mit ethischen Imperativen zu verbinden vermag. Sie enthält und begründet gleichwohl ein normatives Prinzip zur Sicherung sozialer Autonomie, das zwar für die Institutionalisierung der gesellschaftlichen Subsysteme nicht dominant, aber von unerlässlicher Bedeutung ist.

Leonard Nelson: Sozialer Pragmatismus

Für das Verständnis des Verhältnisses zwischen politischen Grundwerten und Wirtschaftsordnung im Godesberger Paradigma ist eine andere Variante eines auf die Kantische Ethik gestützten liberalen Sozialismus ausschlaggebend geworden. Der Göttinger Mathematiker und Philosoph *Leonard Nelson*, ein Neukantianer anderer Prägung, teilt das Grundmotiv einer Anwendung des Sittengesetzes auf die gesellschaftliche Gesamtverfassung mit Cohen. Er hat aber nicht nur in der Begründungsfrage eine Reihe wichtiger Akzente in entscheidender Weise anders gesetzt und damit eine alternative Tradition des ethischen Sozialismus begründet.

Nelson gelangte durch eine Form der Anwendung der kritischen Methode als „Zergliederung unserer faktischen ethischen Urteile" zur inhaltlichen Bestimmung eines universellen Sittengesetzes. Es liegt als Idee der Gerechtigkeit allen moralischen Urteilen im Individualverhalten ebenso wie in den Rechtsformen des sozialen Zusammenlebens verbindlich zugrunde. Sein Kern ist eine *Abwägungsregelung* zwischen den Interessen der beteiligten Personen im Falle ihres Konflikts. Das Sittengesetz enthält eine Regel für die Beschränkung unserer Interessen durch die kollidierenden Interessen anderer. Sie lautet:

> „Handle nie so, dass Du nicht auch in Deine Handlungsweise einwilligen könntest, wenn die Interessen der von Dir Betroffenen auch Deine eigenen wären"[7].

Diese Abwägungsregel enthält einen ethischen Grundsatz des persönlichen Verhaltens und eine Idee des Rechts für die Gestaltung der gesellschaftlichen Verhältnisse. Aus ihm folgt das Rechtsideal der persönlichen Freiheit als „Ideal eines gesellschaftlichen Zustandes, der jedem Einzelnen die unbeschränkte Möglichkeit gewährt, zur vernünftigen Selbstbestimmung zu gelangen". Dieses Ideal kann nur in dem Maße erfüllt werden, wie jede Person unter anderem auch über diejenigen Güter verfügen kann, die eine vernünftige Selbstbestimmung für sie real erst möglich machen, vor allem Bildung und Ausbildung, Arbeit und Einkommen. Das ist, wie Nelson in einer für seine Zeit überraschende Wendung formuliert, das Programm eines „*liberalen Sozialismus*". Nelson Kernargument zu dessen Grundlegung lautet:

> „Alle vernünftigen Wesen haben das Recht auf die gleiche äußere Möglichkeit, zur Selbstbestimmung zu gelangen"[8].

Das Rechtsprinzip schränkt das Ideal der persönlichen Freiheit ein auf die Bedingung der Übereinstimmung mit dem Recht der persönlichen Gleichheit. Es ist die Aufgabe der Politik und des Staates, die *äußeren Möglichkeiten* der persönlichen Gleichheit herbei zu führen. Aus diesen Gründen ergibt sich Nelsons politisches Programm eines „liberalen Sozialismus", der gleichermaßen der Idee der persönlichen Freiheit und ihrer Universalität, also der gleichen Freiheit verpflichtet ist. Dieser liberale Sozialismus hält unbedingt am politischen Fundament und an der Grundwertebestimmung des Liberalismus fest und wendet sich kompromisslos gegen den Kollektivismus.

Der Mangel des Liberalismus liegt Nelson zufolge nicht in der liberalen Idee der persönlichen Selbstbestimmung, sondern in deren „falscher Anwendung": In der Ablehnung jedes Staatseingriffs auch zum Schutz der Gleichheit in der Ausübung persönlicher Freiheit. Die Erfahrung, dass

---

[7] Nelson 1972: 133
[8] Nelson 1972: 116

schrankenlose Freiheit vor allem Freiheit der Ausbeutung bedeutet, führt zu der Forderung, dass der Staat die Opfer der Ausbeutung schützen solle.

Ein organisatorischer Kollektivismus, der auf der vollständigen Abschaffung des Privateigentums an Produktionsmitteln und der zentralistischen Wirtschaftsleitung beruht, verringert die Arbeitsproduktivität und führt zum Bürokratismus, er begünstigt den Missbrauch der Macht durch die Wirtschaftsbeamten. Daher ist er mit den Zielen der gleichen Freiheit unvereinbar. Für den liberalen Sozialismus kommt aus diesen Gründen die völlige Abschaffung des Privateigentums nicht in Betracht, sondern nur dessen Einschränkung auf die Bedingung der gleichen Freiheit aller.

Im gesellschaftlichen Interesse muss die Konkurrenz der Marktökonomie zur Verringerung der Produktionskosten genutzt werden, um die Freiheitschancen aller zu vermehren. Worum es geht, ist folglich staatlicher „Schutz vor Ausbeutung und Wahrung der dabei möglichen Freiheit der Selbstbestimmung". Diesen Anspruch erfüllt nur eine Marktwirtschaft, in der das Privateigentum auf die Bedingung der Freiheit aller eingeschränkt ist, und in der der Wettbewerb im Rahmen einer umfassenden Sozialpolitik stattfindet.

Charakteristisch gegenüber Cohens Ansatz ist für Nelson die Hinwendung zu einer prinzipiellen Unterscheidung zwischen Zwecken und Mitteln der Politik und dadurch bedingt ein prinzipieller Pragmatismus der Mittel. Der Wert einer vorgeschlagenen sozialpolitischen Methode für die Verwirklichung des Prinzips der gleichen Freiheit kann nur beurteilt werden, wenn man sie gegen alle übrigen infrage kommenden Methoden abwiegt, so dass deutlich wird, welche von ihnen dem sozialistischen Ideal insgesamt am nächsten kommt.

Chancengleichheit durch Bildung und Sozialpolitik

Nelson entwarf im Anschluss an die ökonomischen Theorien von Franz Oppenheimer eine höchst differenzierte Konzeption eines solchen liberalen Sozialismus mit den Elementen: Einschränkung des Eigentums, gerechte Entlohnung der Arbeit, Gleichheit des Wohlstands durch Verteilungsgerechtigkeit und Sozialpolitik, Chancengleichheit aller zur persönlichen Bildung. Er betont also im Rahmen der kantischen Norm gleicher Freiheit im Unterschied zu Hermann Cohen die materiellen und bildungsmäßigen Voraussetzungen für die Möglichkeit aller, zur vernünftigen Selbstbestimmung zu gelangen. Er kommt daher, im Gegensatz zu diesem, zu einem prinzipiengeleiteten Pragmatismus, der zu ähnlichen Konsequenzen führt, wie die Theorie der sozialen Staatsbürgerschaft bei *Thomas H. Marshall*. Gleiche Freiheit kann unter den Bedingungen der sozial-ökonomischen Ungleichheiten der kapitalistischen Marktwirtschaft, so lautet das Schlüsselargument, nur dann erreicht werden, wenn für die Gewährleistung der formalen Rechte zur Sicherung des individuellen Freiheitsraums eine Mindestgleichheit der Verfügbarkeit der Chancen ihrer Nutzung hinzutritt. Dieses Argument ist für Theorie und Programmatik der sozialen Demokratie als einer Variante der liberalen Demokratie fortgeltend von grundlegender Bedeutung.

Gewollter Theorie-Praxis-Dualismus

Im Hinblick auf das Theorie-Praxis-Verhältnis ist bei Politikern der sozialen Demokratie eine eigentümliche Asymmetrie zu beobachten gewesen. Viele, vermutlich die meisten von denen, die in ihrer praktischen Politik einen Kurs verfolgten, der uneingeschränkt den revisionistischen Konzepten entsprach, schätzten entsprechende theoretische Debatten und Klärungsversuche der programmatisch-theoretischen Ebene aber aus politischen Gründen nicht. Für diese auf den ersten Blick überraschende Ablehnung konnten unterschiedliche Gründe den Ausschlag geben. Schon der sozialdemokratische Praktizist *Ignatz Auer* hatte im klassischen Revisionismusstreit in der deutschen Sozialdemokratie im Jahre 1903 den gegen Bernstein gerichteten Satz formuliert: „Ede, du bist ein alter Esel, das was du willst, das sagt man doch nicht, das tut man."

Das konnte bedeuten, dass eine den tatsächlichen Zielsetzungen und Grundannahmen der praktisch geführten Politik entsprechenden Begleitdebatte entweder das Scheinwerferlicht all zu deutlich auf das Koordinatensystem der entsprechenden Praxis warf und es damit in den Augen der eher den alten Traditionen entsprechenden Parteimitglieder unnötiger Weise als fragwürdig erscheinen lassen konnte. Es konnte aber auch bedeuten, dass Politiker dieser Ausrichtung meinten, die bessere Voraussetzung für die Legitimationsgrundlagen der von ihnen eigentlich geführten Politik sei darin zu sehen, einen Teil der Hoffnungen und Ansprüche, die durch ihre Praxis nicht mehr eingelöst werden können, wenigstens auf theoretisch-programmatischer Ebene zu befriedigen und auf diese Weise eine viel breitere Unterstützungskoalition zu gewinnen, als auf dem Wege einer klaren theoretischen Profilierung möglich wäre. Ein gewisser Dualismus dieser Art scheint von vielen sozialdemokratischen Führungspolitikern gerade gewollt gewesen zu sein, so dass die revisionistischen Diskurse häufig auf der Ebene der politischen Macht, auf die sie sich richten, keine Entsprechung finden und oft das Anliegen kleiner, oft isolierter Gruppen von Intellektuellen und Sozialwissenschaftlern sind. Eine kennzeichnende Ausnahme bildete in dieser Hinsicht der britische Labor-Politiker *Tony Blair*, dem es gelang, seiner eigenen Partei einen ausgesprochen revisionistischen Diskurs aufzudrängen und damit nacheinander drei Parlamentswahlen eindrucksvoll zu gewinnen.

Die Einheit von Theorie und Praxis, die die revisionistische Theorie des Sozialismus erstrebt, liegt häufig nicht im Interesse der politischen Praktiker, die eine den revisionistischen Konzepten entsprechende Politik führen und legitimieren wollen. Dies ist eine Erklärung für die relative Schwäche und Randständigkeit revisionistischer Theorien und Akteure selbst in den sozialdemokratischen Parteien Westeuropas, in denen ihre Zielsetzungen und Einsichten doch die praktische Politik der Parteien des demokratischen Sozialismus in entscheidendem Ausmaße prägen.

4.3 Kommunistische Diskurse

Probleme einer Herrschaftsideologie

Der Kommunismus als eine theoretische Lehre und als politisches Konzept erwies sich in seiner Geschichte im 20.Jahrhundert als ein geschlossenes und fest gefügtes System, dessen zugehörige Praxis dem kurzen Jahrhundert zwischen dem Ende des Ersten Weltkrieges 1918 und der demokratischen Revolution in Osteuropa 1989 sein Gepräge verlieh. Die im Kern fundamentalistische Legitimationsideologie, die aus den vermeintlichen Gewissheiten der theoretischen Erkenntnis der Gesetze der Geschichte ihren Anspruch auf politische Herrschaft ableitete, war schon in ihrer Grundkonstruktion keiner wirklichen Entwicklung oder gar Revision fähig. Der Leninismus dogmatisierte einige Marxsche Hinweise zur geschichtlichen Abfolge von Sozialismus und Kommunismus und machte sie in dieser erstarrten Form zur Legitimationsgrundlage seines Herrschaftsanspruchs.

Dazu gehörten die Vorstellungen, der Sozialismus sei als die Epoche zwischen dem überwundenen Kapitalismus und dem sich allmählich herausbildenden Kommunismus gesetzmäßig gekennzeichnet durch die Staatsform der Diktatur der kommunistischen Partei als Vertreterin der Arbeiterklasse im Interesse des ganzen Volkes, die Vergesellschaftung der Produktionsmittel in der Form ihrer Verstaatlichung sowie die staatliche Planung und Leitung des Produktionsprozesses. Diese institutionellen Strukturen allein gewährleisteten die optimale und widerspruchsfreie Entwicklung aller Produktivkräfte und damit die Erfüllung der historischen Aufgabe des Sozialismus als Vorbereitung auf das eigentliche geschichtliche Endziel, den Kommunismus, die freie Gesellschaft ohne Klassen, ohne Herrschaft und daher auch ohne Staat.

Dieses gesamte Konzept galt als wissenschaftlich gesichert. Sobald daher Wissenschaftler, Intellektuelle oder politische Akteure im Kernbereich der kommunistischen Theorie auf Differenzierung oder Entwicklung drängten, galten sie den Hütern der Orthodoxie als Revisionisten und damit nicht länger als ernstzunehmende Teilnehmer einer kommunistischen Debatte. In vielen Fällen war dies mit der Verfolgung der betreffenden Personen verbunden. Im kommunistischen System erwiesen sich Zweifel an der ideologischen Doktrin immer unmittelbar als Machtfragen, stellen sie doch unvermeidlich Elemente der ideologischen Machtlegitimation selbst in Frage.

Es war diese die kommunistische Doktrin mehr als alles Andere kennzeichnende unmittelbare Verknüpfung von Theoriekonstruktion und Machtlegitimation, die die Geschichte des Kommunismus als Theorie und als Praxis im 20. Jahrhundert kennzeichnete, ihre Entwicklungsfähigkeit drastisch beschränkte und am Ende in der Konsequenz einer solchen Logik in der demokratischen Revolution von 1989 zum Zusammenbruch des Kommunismus als Herrschaftssystem und in den globalen Diskursen faktisch auch als politische Doktrin geführt hat.

Alternativen im Kommunismus

Die kommunistische Doktrin wurde intern von vier großen, paradigmatischen Interventionen in Frage gestellt, deren Autoren sich keinesfalls als Antikommunisten oder prinzipielle Kritiker des Kommunismus verstanden, sondern vielmehr als Erneuerer innerhalb des Kommunismus als Theorie und Bewegung. Dabei handelte es sich

erstens um die Kritik *Lew D. Trotzkis* an der von Stalin vorgenommenen Verengung des Leninismus und seiner Handhabung zur Rechtfertigung einer dauerhaften totalitären Herrschaft in einem Lande;
zweitens um die etwa zur selben Zeit von dem italienischen intellektuellen Kommunisten *Antonio Gramsci* vorgenommene kulturalistische Neuinterpretation der Marxschen Theorie;
drittens um den jugoslawischen *Selbstverwaltungs*-Kommunismus nach dem Zweiten Weltkrieg; sowie
viertens um die im Rahmen des *Eurokommunismus* seit den 1970er Jahren einsetzende Debatte um einen innerkommunistischen Pluralismus.

Trotzkismus

Lew Dawidowitsch Trotzki, der gemeinsam mit *W. I. Lenin* Organisator und Leiter der Oktoberrevolution der Bolschewiki im Jahre 1917 gewesen war, unterzog unmittelbar nach der Machtübernahme *Josef .W. Stalins* in Sowjet-Russland und in deren kommunistischer Staatspartei seit der Mitte der

1920er Jahren Doktrin und Strategie des Stalinismus einer grundlegenden Kritik. Grundlage dieser Kritik blieb im Selbstverständnis Trotzkis durchaus die leninistische Variante des Marxismus und nicht wie bei den nachfolgenden kommunistischen Kritikern des Stalinismus eine Rückkehr zum frühen oder zum eigentlichen Denken von Karl Marx.

Trotzki, der selbst in der von ihm entwickelten Lehre weder der Diktatur der marxistisch-leninistischen Partei noch dem politischen oder physischen Terror abgeneigt war, soweit beide den eigentlichen Zielen des kommunistischen Geschichtsverständnisses tatsächlich dienten, kritisierte vor allem zwei Elemente des Stalinismus, zwischen denen er einen engen Zusammenhang sah. Sein wichtigster Einwand war, dass wirklicher Sozialismus nicht in einem einzigen Lande aufgebaut und befestigt werden könne, sondern nur im Weltmaßstab. Erst unter diesen Bedingungen, also ohne politische Bedrohung und ohne ökonomischen Druck von außen, könnten der „Sozialismus" als historische Epoche sein eigentliches Potential entfalten und den allmählichen Übergang zum Kommunismus einleiten. Das gelte zumal für ein ökonomisch so rückständiges Land wie Russland, das, wie Lenin selbst gelehrt habe, ohne die Hilfe der entwickelten ehemaligen kapitalistischen Länder in einem neuen sozialistischen Weltsystem keine Chance eines dauerhaften Fortschritts habe.

Daher sah er das Weitertragen der revolutionären Siege der Arbeiterklasse und ihrer marxistisch-leninistischen Partei aus dem ersten Land ihres Erfolgs, Sowjetrussland, in die Zentren des Kapitalismus für den Sieg der kommunistischen Sache für wesentlich bedeutsamer an als den Versuch, alle Anstrengungen auf die Sicherung und den Ausbau „sozialistischen Errungenschaften" in einem einzigen isolierten Land zu konzentrieren. Nur die sozialistische „Weltrevolution", nicht aber der stalinistische Weg des „Sozialismus in einem Lande" könne die Theorien von Marx und Lenin zum Erfolg führen.

Für dieses Argument führte Trotzki politische, ökonomische und kulturelle Gründe an. Umgeben von einer Welt feindlicher Staaten könnte sich ein einzelnes sozialistisches Land auf die Dauer nicht behaupten, zudem würde es als isolierte Einheit in Mitten einer kapitalistischen Weltökonomie seine Produktivkräfte nicht auf die gewünschte und notwendige Weise entwickeln können. Im Übrigen wäre erst durch den Internationalismus, der aktiven und lebendigen Beziehungen zwischen den Arbeiterklassen der am weitesten und der weniger entwickelten Länder, die Hebung der Arbeiterbewegungen und Arbeiterparteien aller Länder auf das für den Aufbau des Sozialismus historisch notwendige Bewusstseins- und Bildungsniveau möglich.

Die „sozialistische Weltrevolution" war folglich der wichtigste Dienst, den erfolgreiche kommunistische Parteien und Regierungen für die kommunistische Sache leisten konnten und auch die sicherste Gewähr dafür, dass in einem Land wie Russland nach der erfolgreichen Revolution tatsächlich dauerhafte Fortschritte auf dem vorgezeichneten historischen Weg gemacht werden könnten. Aus dem Verkennen dieser Zusammenhänge resultiere auch, so Trotzkis zweiter Einwand gegen den Stalinismus, die in der Sowjetunion einsetzende Bürokratenherrschaft mit ihrer Tendenz, die lebendige revolutionäre Bewegung unter Beteiligung der Massen und intellektuell unabhängiger weitblickender Berufsrevolutionäre zu verhindern und zu unterdrücken.

An die Stelle des Sozialismus als Diktatur des Proletariats, wie Trotzki sie in seiner Interpretation der Leninschen Vorstellungen sah, trete mehr und mehr die Diktatur einer Bürokratie, verbunden mit dem Personenkult des Diktators Stalin. Sie entstelle nach innen hin das Wesen des Sozialismus und versäume nach außen ihre Aufgabe, die sozialistische Weltrevolution voran zu treiben. Die Herrschaft der Bürokratie sei daher nicht in der Lage, ihre theoretisch begründeten Verpflichtungen zu erkennen und zu erfüllen. Folglich sei der Stalinismus als eine Deformation des Kommunismus anzusehen, der dessen eigentliche Grundlagen und Ziele verfehlt und daher auch langfristig nicht in der Lage sei, die praktisch politischen Ziele, um die es allein geht, zu erreichen. Daher brauche das kommunistische Russland eine neue, anti-bürokratische Revolution, um die wirkliche Diktatur des Proletariats als aktives Element der sozialistischen Weltrevolution wieder herzustellen.

Trotzki entwickelte kein eigenes Handlungsprogramm, in dem er etwa gezeigt hätte, wie eine Diktatur des Proletariats auf der Grundlage des Marxismus-Leninismus organisiert werden könnte, ohne den in der Sowjetunion immer mehr anwachsenden Bürokratismus in Kauf zunehmen. In seinen Schriften und in seiner eigenen politischen Praxis in den Jahren der Revolution hatte er auch deutlich gemacht, dass er Terror im Dienste der Revolution für ein legitimes Mittel der Sicherung der Ziele des Kommunismus hielt. Das zielte nicht in erster Linie gegen Akteure mit abweichenden Auffassungen in den eigenen Reihen, sofern sie die Grundsätze der Doktrin und die Ziele der Strategie teilten, sondern gegen Außenstehende, auch wenn es sich dabei um konkurrierende Gruppierungen innerhalb der russischen Arbeiterbewegung handelte.

Der Trotzkismus ist daher vor allem als eine Kritik am Stalinismus wirksam geworden, aber nicht als eine Alternative zur leninistischen Vorstellungswelt eherner geschichtlicher Entwicklungsgesetze, vollstreckt im Rahmen einer Diktatur des Proletariats und eines durch staatliches Eigentum und Planung gekennzeichneten „Sozialismus". Die Trotzkisten der einzelnen Länder organisierten sich seit den 20er Jahren in ihrer eigenen, der „Vierten Internationalen". Sie hatten bis in die Gegenwart hinein vor allem in intellektuellen Zirkeln und in der jungen Generation innerhalb der äußersten Linken eine mitunter in den demokratisch sozialistischen Parteien äußerst wirksame Anhängerschaft. Zum Kennzeichen ihrer Politik wurde der so genannte „Entrismus", eine Strategie des Hineingehens in die sozialistischen und sozialdemokratischen Organisationen der Linken verbunden mit dem Versuch, diese von innen her auf einen immer weiter links gerichteten Kurs in Richtung der trotzkistischen Zielvorstellung zu bringen.

Trotzki selbst wurde von Helfern Stalins in seinem mexikanischen Exil 1940 ermordet, seine Anhänger überall dort scharfer Verfolgung ausgesetzt, wo kommunistische Parteien die Herrschaft ergriffen. Dabei war die Brandmarkung von Kritikern kommunistischer Führungen als „Trotzkisten", auch wenn sie mit der trotzkistischen Ideenwelt selbst nichts zu tun hatten, ein in den kommunistischen Parteien verbreitetes Mittel der Unterdrückung jeglicher Art von innerparteilicher Kritik.

Gramscis kultureller Marxismus

Der italienische Intellektuelle Antonio Gramsci, der schon zu Beginn der 1920er Jahre im Alter von 35 Jahren als Kommunist inhaftiert wurde und den Rest seines Lebens in Gefängnis verbringen musste, entwickelte aus seinen Analysen des Scheiterns kommunistischer Parteien in den zentraleuropäischen Ländern eine kulturalistisch akzentuierte Neuinterpretation des Marxismus, die gleichwohl die leninistischen Grundlagen und strategischen Ziele des Kommunismus nicht in Frage stellte. Sie gewann vor allem in den Jahren nach dem Scheitern des Stalinismus bis weit in die Reihen der demokratischen Sozialisten hinein große Bedeutung.

Nach Gramscis Analyse lag dem Scheitern der kommunistischen Parteien bei ihren diversen Revolutionsversuchen in zentraleuropäischen Ländern vor allem eine Fehleinschätzung der Art und Weise zu Grunde, wie der Staat im Kapitalismus seine Herrschaft sichert. Diese beruht nämlich nicht allein und nicht einmal in erster Linie auf Repression und Gewaltanwendung, sondern darauf, dass er seine „ideologischen Apparate" einsetzt, um das Bewusstsein der Massen in seinem Sinne zu prägen. Die „ideologischen Staatsapparate", die in der hegemonialen Kultur einer Gesellschaft Einstellungen, Kenntnisse und Überzeugungen prägen, wirken über die Schulsysteme, Kunst und Kultur sowie die herrschende Öffentlichkeit bis in die Lebenswelten der Menschen hinein und lassen diesen die bestehende Klassenherrschaft als natürlich und sogar im Einklang mit ihren eigenen Überzeugungen erscheinen.

Für eine wirklich revolutionäre Strategie mit Aussicht auf Erfolg und Massenunterstützung komme es darum vor allem darauf an, die Menschen in ihren Lebenswelten und ihren zivilgesellschaftlichen Zusammenhängen zu erreichen, ihnen allmählich die Augen zu öffnen, das Wesen der bestehenden Ordnung verständlich zu machen und ein mit den geschichtlichen Entwicklungszielen und der marxistischen Analyse der gesellschaftlichen Herrschaftszusammenhänge übereinstimmendes Verständnis ihrer Wirklichkeit zu vermitteln. Darum dürften die revolutionären Intellektuellen nicht als politische Strategen und abgehobene „Avantgarde" von oben her die Klassenkämpfe politisch organisieren, sondern sie müssten von unten in den Lebenswelten der Menschen selbst als „organische Intellektuelle" mit ihnen gemeinsam an der Herausbildung einer neuen Kultur der Emanzipation arbeiten. Erst wenn auf der kulturellen Ebene die „Hegemonie" des sozialistischen Bewusstseins erreicht sei, könne das Projekt einer revolutionären Umgestaltung der Gesellschaft durch die Massen der arbeitenden Menschen selbst Aussicht auf Erfolg gewinnen.

Das Gramscische Konzept der allmählichen Eroberung einer kulturellen Hegemonie durch Aktivitäten in den Bereichen von Lebenswelt und Zivilgesellschaft sowie innerhalb der „kulturellen Apparate" der kapitalistischen Gesellschaft war mit den Bedingungen einer politischen Demokratie vereinbar. Sie brachte die neuen Erfahrungen mit den Auswirkungen einer manipulativen Massenkultur und ihrer Rolle bei der Absicherung kapitalistischer Klassenherrschaft auf einen plausiblem Begriff. Sie hat daher linke Intellektuelle auch innerhalb der sozialdemokratischen und sozialistischen Parteien vor allem in den 1970er und 1980er Jahren stark beeinflusst.

Gramscis Denken hat sich auch als ein Wegbereiter für den in einigen Parteien der europäischen Mittelmeerländer entstehenden Eurokommunismus seit den 1970er Jahren erwiesen. In diesem Sinne war es innerhalb der gesamten Linken Westeuropas einige Jahrzehnte lang von großem Einfluss. Innerhalb der kommunistischen Parteien an der Macht hingegen sowie der an ihnen orientierten kommunistischen Diskurse konnten die Ideen Gramscis keine öffentliche Rolle spielen.

Der jugoslawische Selbstverwaltungs-Kommunismus

Der jugoslawische Kommunismus als eine eigenständig kommunistische Doktrin und Praxis entwickelte sich als eine Folge der staatspolitisch motivierten Abspaltung der jugoslawischen kommunistischen Partei von der kommunistischen Internationale, die gänzlich unter dem Einfluss Stalins und der kommunistischen Partei der Sowjetunion stand. Ursprüngliches Motiv des erfolgreichen jugoslawischen Partisanenführers und Kommunisten Josip Broz Tito bei der Begründung eines eigenen anti-stalinistischen Weges, war die Legitimation der nationalen Autonomie Jugoslawiens gegenüber den Vormachtansprüchen der Sowjetunion bei gleichzeitiger Behauptung des wahrhaft kommunistischen Charakters seines politischen und ökonomischen Systems. Der für die Entwicklung der theoretischen Grundlagen dieses Modells entscheidende Intellektuelle war der Slowene *Edvard Kardelj.*

Das jugoslawische Modell des Kommunismus, das in den 1950er und 1960er Jahren als theoretisches Konzept im Rückgriff auf die Schriften und Ideen des frühen Marx entwickelt und gleichzeitig in einem durchaus widerspruchsvollen Prozess in der Praxis realisiert wurde, basierte vor allem auf dem Gedanken der Arbeiterselbstverwaltung. In der direkten Kritik am sowjetischen Bürokratismus wurde die Überwindung der Entfremdung, Kernthema der Marxschen Frühschriften, zum deklarierten Hauptziel des neuen Modells der Arbeiterselbstverwaltung und der Dezentralisierung kommunistischer Partei- und Staatsorganisation.

Die jugoslawische kommunistische Partei nannte sich in „Bund der Kommunisten" um, gleichfalls im Rückgriff auf die Ideenwelt des frühen Marx, um eine starke Antithese zum demokratischen Zentralismus der sowjetkommunistischen Orthodoxie zu setzen. Ins Zentrum dieses Modells rückte die Grundidee der Marxschen Frühschriften, dass es für die sozialistische und später kommunistische Alternative zum Kapitalismus vor allem auf die Aufhebung der Entfremdung im Produktionsprozess selbst ankomme, die im kapitalistischen System unvermeidlich erzeugt werde. Die Theoretiker des jugoslawischen Modells zogen daraus vor allem zwei Schlussfolgerungen. Zum einen sei die Überwindung des privaten Produktionsmitteleigentums von entscheidender Bedeutung, da sie die Hauptquelle entfremdeter Produktionsverhältnisse darstellt. Darin stimmten sie mit dem orthodoxen Sowjetkommunismus durchaus überein. Im vollständigen Gegensatz zu diesem sahen sie aber als zweite Bedingung einer den Marxschen Intentionen tatsächlich entsprechenden sozialistischen und kommunistischen Organisation der Produktionsverhältnisse die vollständige Arbeiterselbstverwaltung durch die Unternehmensbelegschaften an. Das setzte eine gewisse Bedeutung von Marktbeziehungen für die so organisierten Unternehmungen an Stelle von zentralistischer, staatlich betriebener Planwirtschaft voraus.

Nach dieser Vorstellung wurde das gesamte Produktionsmitteleigentum als eine Angelegenheit der ganzen Gesellschaft betrachtet, und nur seine Verwaltung im Produktions- und Verteilungsprozess als eine Angelegenheit der jeweiligen Unternehmensbelegschaften angesehen. Diese galten einerseits als Sachverwalter gesellschaftlicher Gesamtinteressen und schienen zugleich als die mit ihren Interessen und Kenntnissen im Einzelunternehmen verwurzelten Teile der Gesellschaft für die operativen Entscheidungen der Unternehmungen am besten geeignet und daher auch legitimiert. Zwar behielt sich der Staat sowohl im Bereich der Infrastrukturentscheidungen und der Steuerpolitik wie auch durch ein System von

Anreizen eine aktive und durchaus auch weitgehende Gestaltungsrolle im Wirtschaftsgeschehen vor, als die eigentlichen Säulen des Modells galten aber die Arbeiterselbstverwaltung und der sozialistische Markt.

Im deutlichen Kontrast zur Dezentralisierungsidee, die in scharfer Abgrenzung zum sowjet-kommunistischen Modell den Wirtschaftsteil des jugoslawischen Weges beherrschten, wurde die herrschende Rolle der kommunistischen Partei in einem trotz des jugoslawischen Föderalismus zentralistisch geprägten Staatsaufbau nicht angetastet. Im Kern dominierte in diesem Bereich des Modells die leninistische Partei- und Staatstheorie weiter. Dies führte natürlich dazu, dass die Funktionäre der kommunistischen Partei auch in den Unternehmungen eine starke Stellung hatten und politische Interessen entweder über die Organe der Arbeiterselbstverwaltung vermittelt oder auf politischem Weg einen erheblichen Einfluss auf die Unternehmungsentscheidungen nehmen konnten. Dies, verbunden mit anderen Schwächen der Unternehmensorganisation führte dazu, dass die ökonomischen Leistungen des jugoslawischen Systems deutlich hinter den in sie gesetzten Erwartungen zurückblieben und seine Legitimation untergruben.

Wissenschaftliche Untersuchungen zur Praxis des jugoslawischen Modells gelangten zu dem Ergebnis, dass die Verlagerung der gesamten Kompetenz für Entscheidungen über die Politik eines Unternehmens in Betriebsbelegschaften ohne jegliche Mitwirkung einer privaten Eigentumskomponente vor allem zwei systematische Folgen zeitigt: Erstens eine starke Tendenz zur Verteilung anfallender Gewinne zwecks unmittelbarer Einkommenssteigerung an die Belegschaften und damit zugleich eine chronische Schwäche der Neuinvestitionen und der Unternehmensinnovationen; sowie zweitens eine empfindliche Verantwortungsminderung der Unternehmensleitungen, die sich im Falle von Fehlentscheidungen stets mit dem Argument exkulpieren konnten, es seien schließlich die Belegschaften selbst und nicht die Unternehmensführung gewesen, die die entsprechenden Beschlüsse zur Geschäftspolitik gefasst hätten.

Trotz der beträchtlichen Anziehungskraft, die dieses Modell auf Teile der Linken bis weit hinein in die sozialdemokratischen Parteien Westeuropas ausübte, haben seine beiden Hauptmängel der fehlenden Demokratie und pluralistischen Offenheit im politischen System sowie die erheblichen Funktionsdefizite im ökonomischen System stets auch ein beträchtliches Maß an Skepsis bei seiner Beurteilung begründet.

Von der kommunistischen Orthodoxie wurden nicht nur die tatsächlichen Verfechter des jugoslawischen Modells, sondern auch andere Kritiker des Stalinismus gern als „Titoisten" gebrandmarkt und verfolgt.

Eurokommunismus

Die seit den 1960er Jahren immer offensichtlicher werdende mangelnde Leistungsfähigkeit des sowjetkommunistischen Wirtschaftssystems im Vergleich mit seinen marktwirtschaftlichen Konkurrenten, seine Unfähigkeit, mit Kritik auch aus dem eigenen Lager glaubwürdig umgehen zu können sowie die zunehmende Ablehnung des kommunistischen Projekts in den westeuropäischen Gesellschaften führten zur Entfaltung der eurokommunistischen Alternative in den 1970er Jahren innerhalb und im intellektuellen Umfeld vor allem der kommunistischen Parteien Italiens, Spaniens und Frankreichs. Es war in erster Linie der langjährige Vorsitzende der italienischen kommunistischen Partei *Enrico Berlinguer,* der diesen neuen Weg innerhalb der kommunistischen Bewegung glaubwürdig verkörperte. Die Eurokommunisten setzten mit ihrer prinzipiellen Alternative zum traditionellen Leninismus auf der Ebene des politischen Systems und des politischen Willensbildungsprozesses an und verlangten einen uneingeschränkten sozialistischen Pluralismus, bei dem politische Macht nur noch aus freier Diskussion sowie dem Ideen- und Programmwettbewerb zwischen unterschiedlichen sozialistischen Gruppierungen hervorgehen sollte.

Der Unterschied zwischen dem Sozialismus/Kommunismus auf der einen Seite und der liberalen Demokratie auf der anderen sollte dieser Position zufolge nicht in der Einschätzung und Akzeptanz der rechtstaatlichen Demokratie bestehen, sondern in Alternativen auf der Ebene der Wirtschafts- und Gesellschaftsordnung. Die Eurokommunisten hielten an der Vorstellung einer Überwindung der Vorherrschaft des Privateigentums und der Märkte durch die Einführung gesellschaftlich demokratischer Kontrollen in Wirtschaftssystem und Produktionsprozess fest, verbanden beide aber nicht mehr mit den leninistischen und stalinistischen Doktrinen der umfassenden Verstaatlichung des Produktionsmitteleigentums und der dirigistischen staatlichen Planwirtschaft. An deren Stelle trat der im demokratischen Sozialismus entwickelte Entwurf einer Wirtschaftsdemokratie, in dem sozial kontrolliertes Privateigentum und staatlich regulierte Märkte in einem demokratischen Reformprozess miteinander kombiniert werden sollen.

Der auf Gramsci gestützte Kerngedanke war, dass eine politische überzeugte und in ihren kulturellen Orientierungen von der sozialistischen Alternative geprägte gesellschaftliche Mehrheit erst im Rahmen der politischen Demokratie heranwachsen muss, bevor die Transformation von Wirtschaft und Gesellschaft erfolgen kann. Das bedeutete eine eindeutige Hinwendung zu Demokratie und Pluralismus auf dem Boden der fortgeltenden marxistischen Grundüberzeugungen. Dieses Denken gewann in der kommunistischen Partei Italiens in den 1970er Jahren eine breite Anhängerschaft und in ihrem intellektuellen Umfeld Befürworter, die an der Fortführung und Differenzierung der theoretischen Grundlagen arbeiteten. Daraus erwuchs das in dieser Zeit ausformulierte Konzept eines „sozialistischen Pluralismus". Zahlreiche aus dem Umfeld der kommunistischen Bewegung stammende Intellektuelle und Repräsentanten der Zivilgesellschaft, aber auch Politiker, versuchten eine durchaus glaubwürdige Synthese zwischen den Idealen der rechtsstaatlichen pluralistischen Demokratie und den Vorstellungen einer vergesellschafteten Ökonomie, wobei die Demokratie den Rahmen für Möglichkeiten und Grenzen der wirtschaftlichen und gesellschaftlichen Transformation darstellen sollte.

In keinem der betreffenden Länder sind eurokommunistische Parteien durch freie Wahlen an die Macht gelangt, so dass sie ihre theoretischen Modelle in der Praxis hätten erproben können. Als *Michael Gorbatschow* in der Mitte der 1980er Jahre in seiner Eigenschaft als Generalsekretär der kommunistischen Partei der Sowjetunion mit seiner Öffnungspolitik der *Perestroika* und *Glasnost* begann, die leninistische Parteidoktrin abzulösen und das Land in Politik und Ökonomie zu liberalisieren, konnte er in der Substanz auf die Ideen des Eurokommunismus zurückgreifen. Ihm blieb dennoch kein Spielraum, um sie in aller Konsequenz praktisch zu erproben, da nach der begonnen Öffnung das Pendel der Stimmung in den Bevölkerungen soweit nach rechts umschlug, dass alsbald in Russland und den anderen osteuropäischen Ländern, die seinem Beispiel folgten, Kräfte an die Macht kamen, die in der libertären Antithese zur gesamten Vorstellungswelt von sozialer Demokratie, Sozialismus und Kommunismus Zuflucht suchten und mit zeitweiliger Zustimmung großer Bevölkerungsteile ihre Gesellschaften in den überwunden geglaubten Marktkapitalismus zurückführten.

Überwindung der Spaltung der Arbeiterbewegung

Mit der eurokommunistischen Wende war im Kern, mit der Verspätung eines halben Jahrhunderts, der Schritt von der leninistisch-kommunistischen Vorstellungswelt zu einem demokratischen Sozialismus auf rechtsstaatlicher Grundlage vollzogen. Auf theoretischer Ebene war damit das linke Schisma in eine kommunistische Welt der Parteidiktatur in Theorie und Praxis und der demokratisch sozialistischen Welt der Verteidigung und des Ausbaus der pluralistischen Demokratie überwunden. Auch wenn sich Parteien und Akteure, die diese neue politische Philosophie verfochten, eine zeitlang weiter unter der Überschrift „Kommunismus" versammelten, deckten sich ihre Überzeugungen doch nun in den wesentlichen Fragen mit denen eines demokratisch fundierten Sozialismus wie ihn auch die Theoretiker und Praktiker der Sozialdemokratie verstanden. Der große Theoriestreit zwischen den beiden so ungleichen Nachkommen der sozialistischen Arbeiterbewegung war entschieden.

Die demokratische Revolution in Osteuropa 1989 ratifizierte das Ergebnis dieses Prozesses. In Europa war die kommunistische Epoche an ihr Ende gelangt, nicht nur machtpolitisch, sondern auch im Hinblick auf die Strahlkraft und Legitimationsfähigkeit ihrer politischen Philosophie. In den wenigen Ländern wie Kuba, Nordkorea, Vietnam oder China, in denen anscheinend traditionell orientierte kommunistische Parteien weiter an der Macht sind, stützen sie sich für die Rechtfertigung ihrer Herrschaftsansprüche kaum noch auf die kommunistische Dogmatik in ihrem „wissenschaftlichen" Anspruch. Sie setzen deren, für die Rechtfertigung ihrer Macht eigentlich unverzichtbaren geschichtstheoretischen und politökonomischen Elemente stillschweigend außer Kraft, ergänzen sie durch wirtschaftsliberale oder nationalistische Vorstellungen oder erzwingen das Bekenntnis zu ihnen als einem leeren Ritual. Auf diese Weise sind sie zu Übergangsphänomenen geworden, die gegenwärtig nirgends auf der Welt mehr in der Lage sind, Ziele zu setzen, Begeisterung zu wecken und den bestehenden Verhältnissen eine glaubhafte Alternative gegenüber zu stellen.

4.4 Wegmarken sozialistischer Theorie

Im deutschsprachigen Bereich verzeichneten die ersten Jahrzehnte des 20. Jahrhunderts eine Reihe von innovativen Theorieentwicklungen des Sozialismus, überwiegend auf einzelnen Themenfeldern, teils aber auch in Bezug auf die Gesamtkonzeption. Vieles von dem, was in dieser Zeit erarbeitet und in die sozialistischen Diskurse eingebracht worden ist, hat in der nachfolgenden sozialistischen Theoriebildung eine bleibende Bedeutung behalten, auch wenn es eine kontinuierliche Theoriebildung, die konsequent auf den vorausgegangenen Theoriearbeiten aufbaute, in dieser Hinsicht nicht gab.

Austro-Marxismus

Die Beiträge dieser Gruppe origineller und innovativer sozialistischer Theoretiker, zu denen *Max Adler, Karl Renner, Rudolf Hilferding* und *Otto Bauer* als maßgebliche Köpfe gehörten, waren in ihren Ansatzpunkten von großer Vielfalt geprägt. Ihnen allen gemeinsam aber war, dass sie an der Marxschen Klassenanalyse und der von Marx vorgezeichneten sozialistischen Entwicklungsperspektive festhalten, zugleich aber kritisch und unvoreingenommen die neueste wissenschaftliche Erkenntnis in den einschlägigen Bereichen der Philosophie, Sozialwissenschaften und politischen Ökonomie in ihre Konzeptionen aufnehmen wollten. Sie wandten sich damit gegen die von Karl Kautsky vertretene marxistische Orthodoxie mit ihrer weltanschaulichen Erstarrung.

Sie wollten das Erbe des Marxismus mit der intellektuellen Entwicklung ihrer Zeit in Verbindung halten und gerade dadurch die akademische und politische Wirksamkeit des sozialistischen Projekts stärken. Sie sahen sich selbst in einer Zwischenstellung zwischen dem orthodoxen Marxismus ihrer Epoche und dem Revisionismus Bernsteinscher Prägung. In diesem Sinne waren sie um die Rückgewinnung des Wissenschaftscharakters des Marxismus gegenüber den eingespielten Formen seiner doktrinären Verkrustung bemüht. Es war dieser in Wien zusammen wirkenden Gruppe linker Intellektueller und Wissenschaftler vor allem auch darum zu tun, die kulturelle Bedeutung des Sozialismus über die politisch ökonomischen Kernfragen hinaus im Bewusstsein der Theoriebildung wach zu halten und zu ihr weiterführende Beiträge zu leisten.

Max Adler

Für Max Adler bedeutete die Preisgabe jedes Weltanschauungsanspruches des Marxismus vor allem, dass dieser für die neueren philosophischen Entwicklungen der Zeit offen bleiben müsse und sich nicht selber als eine abgeschlossene Philosophie verstehen dürfe. Adler machte den Vorschlag, eine reflektierte Erkenntnislehre und Wissenschaftstheorie auf der Grundlage des in dieser Zeit entstandenen Neukantianismus auszuarbeiten und sie der marxistischen Sozialwissenschaft zu Grunde zu legen. Auf diese Weise könnte auf der Höhe der neuesten kritischen Philosophie, die auch im akademischen Diskurs Bestand hat, der marxistischen Theorie als einer sozialwissenschaftlichen Hypothese eine wissenschaftlich angemessene philosophische Grundlage verschafft werden. So könne es gelingen, in beiden Wissenschaftsbereichen, dem der philosophischen Grundlegung und dem der sozialwissenschaftlichen Tatsachenforschung und Erklärung, dasjenige Maß an kritischer Offenheit zu gewinnen, das der marxistisch orientierten Theoriebildung ermöglicht, im Einklang mit den allgemeinen wissenschaftlichen Fortschritten auf den für sie wichtigen Gebieten zu bleiben.

Die Begründung für das sozialistische Ziel sah Max Adler folglich nicht in historischen Gesetzen oder den Bedingungen der Produktivkraftentfaltung, sondern im „Sozial-Apriori". Da Menschen als gesellschaftliche Wesen immer schon in den Formen ihres Bewusstseins, ihrer Sprache, ihrer gesamten Kultur vergesellschaftet sind, können nur die vergesellschafteten Kooperationsformen einer solidarischen Gesellschaft den Bedingungen menschlichen Zusammenlebens gerecht werden. Adler stellte zur Kennzeichnung seiner sozialistischen Konzeptionen den Begriff der „Sozialen Demokratie" ins Zentrum. Er verstand darunter vor allem, ähnlich den Konzeptionen der Wirtschaftsdemokratie, eine auf das ökonomische Zentralfeld der gesellschaftlichen Organisationen ausgeweitetes Demokratieverständnis.

Rudolf Hilferding

Hilferdings Beitrag zur sozialistischen Theoriebildung bezog sich vor allem auf die Weiterentwicklung der kapitalistischen Ökonomie zu Formen eines „organisierten Kapitalismus". Es ging Hilferding vor allem darum, eine realistische Theorie des Kapitalismus und seiner Fähigkeit zur Selbstadaptation zu entwickeln, die die Zusammenbruchstheorie der marxistischen Orthodoxie hinter sich ließ, ohne den Kern der marxistischen Kapitalismusanalyse Preis zu geben. In seiner Theorie des organisierten Kapitalismus beschreibt Hilferding die von der älteren marxistischen Theorie nicht erwartete Fähigkeit des modernen Kapitalismus zur Herausbildung selbst geschaffener Steuerungsmechanismen, die aber weder dessen Krisenhaftigkeit noch dessen ausbeuterischen Charakter zu überwinden vermögen. Die Bildung von Formen kapitalistischer Selbstregulation, etwa in Form von Konzernen, Trusts und großer koordinierender kapitalistischer Wirtschaftsverbände, sowie der regulative Einfluss der Großbanken und ihrer Wirtschaftsverflechtungen, ist dennoch nicht gleichbedeutend mit einer Beherrschung der dem Kapitalismus eigenen Krisen. Die Selbstorganisation des Kapitalismus erfolgt auch nicht im gesellschaftlichen Interesse, sondern dient weiterhin vorrangig den Interessen des Kapitals und der Kapitalistenklasse.

Gleichwohl bieten die neuen Formen der Selbstorganisation auch für die Perspektive einer sozialistischen Transformation der Gesellschaft neue Ansatzpunkte. Die sozialistische Demokratisierung und Regulation im Interesse der ganzen Gesellschaft kann an den Nahtstellen der kapitalistischen Selbstorganisation ansetzen und diese für die neue sozialistische Zielsetzung nutzen. Mit seinen neuen Formen der Selbstorganisation arbeitet das kapitalistische System wider willen seiner sozialistischen Überwindung entgegen.

Eine gewisse Unterschätzung des Fortwirkens der Marktkräfte, auch im organisierten Kapitalismus, führte Hilferding zu einer Verkennung des Krisenpotentials, das auch dem organisierten Kapitalismus eignete, so dass er die Aufgabe einer aktiven Konjunkturpolitik in der Weltwirtschaftskrise der 1920er Jahre nicht als Projekt einer sozialistischen Wirtschaftspolitik anerkannte.

Karl Renner

Kennzeichnend für Renners wichtigsten Beitrag zur sozialistischen Theoriebildung ist die in seinem Buch „Die soziale Funktion der Rechtsinstitute" entfaltete These, dass durch die Verschränkung von Staat und Wirtschaft im Recht unter Bedingungen der politischen Demokratie eine gesellschaftliche Steuerung des Wirtschaftsgeschehens im Sinne der sozialistischen Zielsetzung auch ohne eine formelle Sozialisierung der Produktionsmittel in zunehmendem Maße möglich würde.

Renner legte systematisch dar, dass der demokratische Staat durch seine Rechtssetzung diejenigen wirtschaftlichen Entscheidungsfunktionen unter gesellschaftliche Kontrolle bringen könne, für die dies aus sozialen Gründen erforderlich sei, und zwar in differenzierter Weise je nach wirtschaftlichem Handlungsbereich und wirtschaftlicher Teilfunktion. Bei dieser Art von Sozialisierung müsse das Privateigentum an den Produktionsmitteln nicht nominell aufgehoben werden. Auf diese Weise vollzieht sich eine „Durchstaatlichung der Wirtschaft", die die Zwecke sozialistischer Wirtschaftspolitik zielgerecht und in zunehmendem Maße zu realisieren erlaubt.

Otto Bauer

Otto Bauer hat sich vor allem der Frage zugewandt, wie eine sozialistische Transformation unter den Bedingungen kapitalistischer Produktionsweise stattfinden kann, die aber die parlamentarisch demokratischen Rahmenbedingungen respektiert. Seine Konzeption eines „integralen Sozialismus" verstand die sozialistische Transformation als einen organisationsgestützten Lernprozess der Arbeiterklasse. Da er für seine Zeit ein Gleichgewicht der Machtverhältnisse zwischen Kapital und Arbeit diagnostizierte, sah er realistische Perspektiven für die sozialistische Transformation der Gesellschaft, sofern es gelingt, durch ein Zusammenwirken aller Organisationen und Handlungsformen der Arbeiterbewegung die Arbeiterklasse schrittweise für die sozialistische Perspektive zu gewinnen und in den einzelnen Handlungsbereichen diejenigen Organisationsformen zu schaffen, auf die sie sich dabei stützen kann.

Dazu gehörten vor allem auch die Gewerkschaften und das umfangreiche System von Genossenschaften im „roten Wien" seiner Zeit. Durch den Aufbau solcher Organisationen und die Demokratisierung der staatlichen Exekutivorgane, vor allem der Polizei und Verwaltung, könnte in einem schrittweisen Transformationsprozess die Überwindung des Kapitalismus gelingen. Adler war auch der Hauptinspirator des *Linzer Programms* der österreichischen Sozialdemokratie von 1927, das diese theoretischen Vorstellungen aufnahm. Er wollte mit seiner Transformationstheorie in dem Sinne einen „Dritten Weg" zwischen traditioneller Sozialdemokratie und Bolschewismus gewinnen, dass er einerseits an der sozialistischen Transformationsperspektive unbedingt festhalten, dabei zugleich aber die Errungenschaften der repräsentativen Demokratie nicht preisgeben wollte.

Eduard Heimann

Eduard Heimann hat Beiträge zur sozialistischen Theoriebildung auf drei zentralen Erkenntnisgebieten geleistet: dem religiösen Sozialismus, der politischen Ökonomie und der Transformationstheorie. Sein Religionsverständnis veranlasste ihn zur Entfaltung einer Position, die zeigte, dass die Ethik der Religion und das von ihr begründete Sinnverständnis menschlichen Lebens letztlich allein in einer sozialistischen Gesellschaft erfüllt werden könnten.

Als politischer Ökonom, der er in seinem akademischen Beruf war, plädierte er in zahlreichen wissenschaftlichen Beiträgen dafür, zu Gunsten einer realistischen Wirtschaftskonzeption den Marktbegriff vom Kapitalismusbegriff zu trennen. Er verstand den Markt als ein „technisches Prinzip" der wirtschaftlichen Entscheidungskoordination, auf das nur verzichten kann, wer bürokratischen Zentralismus in Kauf zu nehmen bereit ist. Damit zog er am Ende der 1920er Jahre in eindeutiger Weise Konsequenzen aus dem planwirtschaftlichen Experiment des Kommunismus in der Sowjetunion, ohne die Perspektive einer sozialistischen Transformation des Kapitalismus preis zu geben.

Eine Politik, die gleichzeitig die ökonomische Befreiung der arbeitenden Menschen und die Weiterentwicklung der modernen Produktivkräfte erstrebt, muss Heimann zufolge durch Elemente der Planung, Kontrolle und Sozialisierung den Markt in soziale Richtung drängen, nicht aber seine komplette Aufhebung ins Auge fassen. Dabei gelangte er zu einer für die bis dahin herrschende sozialistische Theoriebildung bahnbrechenden Position, die im Hauptstrom der sozialistischen Theoriebildung und der Programmatik der sozialdemokratischen Parteien erst Jahrzehnte später aufgenommen werden sollte:

Eduard Heimann: *Sozialismus im Wandel der Modernen Gesellschaft:*
„Der Markt ist das eigentlich wirtschaftliche an der modernen Wirtschaft; seine Zerschlagung wäre ein Sprung in das Nichts ... Markt und Kapitalismus sind durchaus nicht dasselbe ...Sozialistische Aufgabe ist es, die tech-

nischen von den sozialen Bedingen des Marktes zu sondern und der freien Bewegung der wirtschaftlichen Menschen solche zentralen Bedingungen zu setzen, dass ein kapitalistischer Ausbruch vermieden wird."[9]

Von besonderem Gewicht für die weitere sozialistische Theoriebildung ist das Sozialismusverständnis Eduard Heimanns. Sozialismus ist ihm zu Folge ein Strukturprinzip, dessen Verwirklichung durch die schrittweise Prägung bzw. Umprägung gesellschaftlicher Strukturen in allen Lebensbereichen erfolgt, indem deren Funktion dadurch einen anderen Inhalt gewinnt. Als Prinzip der sozialen Freiheitsordnung steuert das sozialistische Programm einen kontinuierlichen Prozess des Teilabbaus der nach kapitalistischem Sozialprinzip fungierenden Strukturen und verschafft auf diese Weise dem sozialistischen Prinzip in zunehmendem Maße Geltung.

Heimann begreift den Prozess der sozialistischen Transformation als die konstruktive und schrittweise Ersetzung kapitalistischer Strukturelemente durch sozialistische. Die sozialistischen Strukturen werden in die bestehenden Strukturgefüge hinein entworfen, so dass die Gesellschaft insgesamt immer mehr den Funktionsimperativen des sozialistischen Prinzips der „sozialen Freiheit" genügt. Für die Verwirklichung des Sozialismus kommt es darauf an, den eigentlichen Kern des prozesssteuernden Prinzips zu erfassen und Alternativen zu entwerfen, die diesem Prinzip in den einzelnen gesellschaftlichen Strukturbereichen Geltung verschaffen.

Damit lieferte Heimann eine sozialwissenschaftliche Begründung für die Angemessenheit einer konstruktiv reformerischen Strategie des Sozialismus in komplexen Gesellschaften. Gleichzeitig entfaltet er damit auch wissenschaftlich fundierte Argumente für den Vorrang des sozialistischen Prinzips gegenüber den jeweiligen Strukturen und Mitteln seiner Verwirklichung sowie die prinzipielle Offenheit dieser Strukturen für neue Erfahrungen. Dieser Sozialismusbegriff bot auch eine praktische Perspektive für die Herstellung eines Theorie geleiteten Zusammenhangs zwischen dem sozialistischen Prinzip und der Tagesarbeit sozialistischer Reformpolitik.

Religiöser Sozialismus

Die religiösen Sozialisten, insbesondere Paul Tillich und Eduard Heimann in Deutschland, leiteten aus ihrem Religionsverständnis die Verpflichtung zum Sozialismus ab.

---

[9] Sozialisierung in Heimann 1975: 88

Paul Tillich: *Sozialismus*

„Wir glauben an die Kraft des Sozialismus – nicht auf Grund einer fragwürdigen wissenschaftlichen oder politischen Meinung über die gegenwärtige Lage, sondern auf Grund unbedingter Ergriffenheit von dem, was im Sozialismus letzt gemeint ist, und auf Grund unlöslicher innerlicher Verbundenheit mit denen, für die der sozialistische Glaube die sinngebende Kraft ihres sonst sinnlosen Daseins ist.".[10]

Die Herrschaft einer Freiheit und Gerechtigkeit verbürgenden Ordnung schien ihnen der eigentliche Gehalt des Sozialismus und der Sinn des religiösen Verständnisses einer gerechten Weltordnung zu sein. Viele dieser religiösen Sozialisten arbeiteten in der sozialdemokratischen Partei mit und wirkten gleichzeitig auf den theologischen Diskurs ihrer Zeit ein. Auch wenn manches an ihrem Begründungsversuchen des Sozialismus an einen Geschichtsdeterminismus mit umgekehrten Vorzeichen erinnerte, der Eigenständigkeit ihres religiösen Begründungsanspruches und der Ernsthaftigkeit ihres sozialistischen Engagements kam eine große Bedeutung zu, die sich allerdings erst in der Zeit nach dem Zweiten Weltkrieg voll entfalten sollte.

Hermann Heller: Soziale Demokratie

Einer der ersten wissenschaftlich-systematischen Entwürfe einer Theorie der Sozialen Demokratie geht auf *Hermann Heller* zurück. Dieser Entwurf ist in der schwierigen politischen und sozialen Gemengelage der frühen Weimarer Republik entstanden und aus der Auseinandersetzung mit drei höchst divergenten Kontrahenten hervorgegangen: der orthodoxen Theorie des wissenschaftlichen Sozialismus, dem politischen Liberalismus und der kontroversen Staatslehre dieser Zeit.

Ursprungsmotiv dieses wissenschaftlich fundierten, aber praxisorientierten Entwurfs ist die staatstheoretische Frage, wie unter den Bedingungen einer sozio-ökonomisch tief gespaltenen Klassengesellschaft die politische Einheit einer rechtsstaatlichen Demokratie überhaupt möglich sei. Gegenüber den zu dieser Zeit im Aufstieg befindlichen politischen Ideen des Marxismus-Leninismus beharrte er auf dem unbedingten Eigenwert der liberalen Demokratie als Rahmen jeglicher legitimer Transformation der sozialökonomischen Gegebenheiten kapitalistisch verfasster Gesellschaften. Gegenüber den orthodoxen Sozialisten *demokratisch*-marxistischer Provenienz seiner Zeit verteidigte er die Unhintergehbarkeit staatlicher Verfasstheit moderner Gesellschaften und das Faktum ihrer

---

[10] Tillich 1930: 4

unüberwindbaren Konflikthaftigkeit, unabhängig davon, in welchem Maße soziale und ökonomische Ungleichheiten durch gelingende Sozialreform verringert werden können. Gegen die ökonomisch verengte liberale Tradition erneuerte Heller im Kontext seines eigenen Ansatzes die Grundargumente der *Lassalleschen* sozialen Liberalismuskritik in einem anspruchsvolleren theoretisch-historischen Kontext und bettete sie in eine moderne staatstheoretische Perspektive ein.

Von einem bestimmten Moment seiner historischen Entfaltung an, so argumentiert Heller, tritt das Defizit der liberalen Demokratiekonzeption zunehmend deutlich ans Licht und gefährdet den Bestand der rechtstaatlichen Demokratie selbst. Sobald sich nämlich zeigt, dass zwischen dem Anspruch der materiellen Rechtsstaatlichkeit, verstanden als Realisierung einer substanziellen Idee von Gerechtigkeit, den die liberale Demokratie am Beginn ihrer historischen Mission selbst erhoben hat, und den Funktionsbedingungen der kapitalistischen Marktwirtschaft, die in sie eingebettet ist, ein prinzipieller Widerspruch besteht, zieht sich der politische Liberalismus auf die bloße Verteidigung eines formalisierten, nur noch organisationstechnisch interpretierten Rechtsstaatsprinzips zurück und dementiert damit seinen eigenen Legitimationsanspruch. In der Krise der Weimarer Demokratie ist der politische Liberalismus in der Konsequenz dieser Widersprüche dann sogar zur Flucht in den Autoritarismus bereit. Angesichts der unabweisbaren Erfahrung des für die liberale Demokratie konstitutiven Widerspruchs zwischen den formalen Freiheitsprinzipien der rechtsstaatlichen Ordnung und der rechtsstaatlich ungeordneten privatkapitalistischen Ökonomie wächst in der Gesellschaft zunehmend das Bewusstsein, dass die Rechtsgrundsätze der Freiheit und Gleichheit, die den Rechtsstaat legitimieren, eine allgemeine Verwirklichung auch in der nichtstaatlichen Handlungssphäre der Arbeits- und Güterordnung verlangen, um reale Geltung und Wirkungsmacht zu erlangen.

Der materielle Rechtsstaatsgedanke enthält die beiden Ideen „der Freiheit als der Selbstbestimmung des Volkes durch das Gesetz und der Gleichheit als der gleichmäßigen, nicht willkürlichen Interessenwertung aller"[11]. Materielle Rechtsstaatlichkeit bedeutet demnach einen substanziellen Begriff von Gerechtigkeit, der den Interessen aller den gleichen Wert zumisst, für alle politischen Entscheidungen, die im Rahmen des formalrechtsstaatlich geordneten Verfahrens zu treffen sind, anzuerkennen. Das verlangt die Fähigkeit zu einem Kompromiss zwischen den sozialen Klassen, der den formalen Rechtsstaat zum materiellen Rechtsstaat fortbildet, indem er die Interessen aller bei der Gestaltung der Arbeits- und Güterordnung nach den gerechten Maßstäben der gleichen Berücksichti-

---

[11] Heller 1971, II: 448

gung zu Geltung bringt. Die Integration der rechtsstaatlichen Demokratie kann in der Realität nicht aus der Perspektive der abstrakten Formalgeltung des Rechts erfolgen, sondern nur als ein sozialer Prozess der tatsächlichen, an einem von allen geteilten Begriff von Gerechtigkeit orientierten Vermittlung der gesellschaftlichen, vor allem auch sozial-ökonomischen Interessen.

Im Begriff der Sozialen Demokratie gehen bei Heller vier Komponenten eine substanzielle Synthese ein:

Erstens: Das prozedurale Element des demokratischen Entscheidungsverfahrens.

Zweitens: Das Element der Erweiterung und Erhaltung der demokratischen Dimension in den Resultaten dieses Prozesses.

Drittens: Eine an gesellschaftlich anerkannten Gerechtigkeitsnormen orientierte Gestaltung der gesellschaftlichen *Gesamtverfassung*, also die Einbeziehung der Arbeits- und Güterordnung in den Geltungskreis der Legitimationsnormen der liberalen Demokratie.

Viertens: Eine politische Kultur des gerechtigkeitsorientierten sozialen Interessenkompromisses.

„Soziale Homogenität" als komplexe Integrationsstrategie

Für Heller ist „soziale Homogenität" die Antwort auf die unter demokratischen Prämissen staatstheoretisch alles entscheidende Frage: wie ist die Bildung staatlicher Einheit aus der Mitte einer antagonistisch strukturierten Gesellschaft heraus möglich? Dabei handelt sich um ein mehrschichtiges Konzept, in dem eine Reihe sozialer, ökonomischer, politischer, legitimatorischer und kultureller Faktoren auf dynamische Weise zusammenwirken:

Hermann Heller: *Soziale Homogenität*
„Soziale Homogenität ist immer ein sozial-psychologischer Zustand, in welchem die stets vorhandenen Gegensätzlichkeiten und Interessenkämpfe gebunden erscheinen durch ein Wirbewußtsein und -gefühl, durch einen sich aktualisierenden Gemeinschaftswillen. Solche relative Angeglichenheit des gesellschaftlichen Bewusstseins kann ungeheure Spannungsgegensätze in sich verarbeiten, ungeheure religiöse, politische, ökonomische und sonstige Antagonismen verdauen. Wodurch dieses Wirbewußtsein erzeugt und zerstört wird, lässt sich nicht allgemeingültig sagen"[12].

---

[12] Heller 1971, 2: 428.

Soziale Homogenität ist also nicht sozialstrukturelle Homogenität im Sinne der Homogenisierung sozial-ökonomischer Positionen und Lebenslagen. Sie ist ein starker politisch-kultureller Konsens der Staatsbürger, der sich trotz erheblicher Dissense und Konflikte in den realen gesellschaftlichen Handlungsbereichen herausbilden *kann*. Der Begriff der sozialen Homogenität steht für ein komplexes und voraussetzungsreiches Wechselspiel von sozio-strukturellen, politisch-kulturellen und politisch-strategischen Faktoren. Es ist weder auf der politischen, noch auf der sozio-ökonomischen Ebene auf die Überwindung von Antagonismen oder Heterogenität überhaupt gerichtet, sondern auf ein gemeinsames Interesse an ihrer fairen Bearbeitung, das sich in einer *nur in dieser Hinsicht* homogenen politisch-kulturellen Orientierung aller Beteiligten niederschlägt. In der von den Risiken der kapitalistischen Marktwirtschaft geprägten Epoche muss Heller zufolge dieses Homogenitätsbewusstein, über die zivile Homogenität hinaus, die als Einheit der Rechtsstaatlichkeit die frühbürgerliche Epoche prägte, zu einer sozialen Homogenität werden, die die Gleichheit aller Staatsbürger auch als Wirtschaftsbürger ermöglicht. Der Weg, auf dem dieser historisch fällige Schritt erfolgen muss, ist die Übertragung des materiellen Rechtsstaatgedankens auf die Arbeits- und Güterordnung, also die Wirtschaftsverfassung und das System der Einkommens- und Vermögensverteilung. Materielle Rechtsstaatlichkeit in der Wirtschaftsverfassung gewährleistet die soziale Autonomie der Staatsbürger und die faire Verteilung der sozio-ökonomischen Handlungsressourcen zur Sicherung der privaten und politischen Autonomie in der Güterordnung.

Materialer Rechtsstaat und Gesamtverfassung

Soziale Demokratie ist in dieser Perspektive mithin eine *gesellschaftliche Gesamtverfassung*, über deren Strukturen und Gegebenheiten ohne Einschränkungen im rechtsstaatlich-demokratischen Verfahren entschieden wird und die nicht nur in der politischen Sphäre, sondern in allen übrigen gesellschaftlichen Geltungssphären durch ein ethisch-politisches Gerechtigkeitsprinzip bestimmt ist, das sich an den Normen der Freiheit und Gleichheit orientiert. Soziale Demokratie ist somit gleichermaßen durch das rechtsstaatlich-demokratische Verfahren, dessen Geltungsanspruch für die gesellschaftliche Gesamtverfassung und durch die Gestaltung dieser gesellschaftlichen Gesamtverfassung nach dem an Gleichheit und Freiheit orientierten Gerechtigkeitsprinzip definiert. Mithin enthält das Konzept der Sozialen Demokratie drei konstitutive Dimensionen:

Hermann Heller: Soziale Demokratie

Erstens: Die prozedurale Dimension des rechtsstaatlich-demokratischen Verfahrens auf der *politics*-Ebene;

Zweitens: Die Orientierung der Entscheidungsprozesse an einem Gerechtigkeitsverständnis des fairplay bei der Berücksichtigung divergenter sozialer Interessen auf der *policy*-Ebene:

Drittens: Die Einbeziehung der gesellschaftlichen Gesamtverfassung sowohl in den Geltungsbereich der demokratischen Prozeduren wie in den Wirkungsbereich der Gerechtigkeitsorientierung auf der *polity*-Ebene.

Gerechtigkeit und gesellschaftliche Gesamtverfassung

Den Kern von Hellers Konzept einer materiell-rechtsstaatlichen Gesamtverfassung bildet neben den politischen Strukturen der liberalen Demokratie eine gerechte „Arbeits- und Güterordnung"[13] als „gerechte Herrschaft der Gemeinschaft über die Wirtschaft"[14]. Entscheidend ist für ihn dabei eindeutig die Unterwerfung der Wirtschaftsverfassung unter eine vom Recht und den politischen Grundwerten der Gemeinschaft bestimmte demokratische Gesamtverantwortung und nicht eine bestimmte Vorstellung von ökonomischer Regulation. Er gelangt dabei in der Konsequenz seiner linkskantianischen Prämissen zu der Konsequenz, eine gerechte Gestaltung der Wirtschaft müsse unter den Prämissen der Rechtsstaatlichkeit selbst dann gefordert werden, wenn sie sich in ihren Produktionsergebnissen als weniger zweckmäßig erwiese denn das kapitalistische System.

Das historisch-materialistische Argument der marxistischen Orthodoxie, wonach eine sozialistische Wirtschaftsverfassung in letzter Instanz ihre historische *Legitimation* durch ihre überlegene Steigerung der Produktivkraftentfaltung erfahre, wies er daher als ethisch-rechtlich verfehlt zurück. Es ging ihm allein um die Garantie des Grundrechtsanspruchs der Gleichheit und Freiheit der Menschen auch in ihrer elementaren wirtschaftlichen Lebensdimension, also um *soziale Autonomie*. Der Rechtsstaat hat eine Verantwortung für die Einlösung des gleichen Rechtsanspruchs aller Menschen auf die materiellen Voraussetzungen ihres Lebens in Freiheit.

Eine materiell gerechte Gesamtverfassung muss ihm zufolge auf drei Säulen ruhen:

---

[13] Heller 1971, II: 416
[14] Heller 1971; I: 443

Erstens: Einer gerechten Arbeitsordnung, die die individuelle Verfügung der Privateigentümer über die Arbeitsorganisation ersetzt durch konstitutionelle Beschränkungen, die den Arbeitenden selbst die Mitsprache über die Bedingungen ihres Arbeitseinsatzes sichert und insoweit auch die Einschränkung des Eigentumsrechts durch den Vorrang der Gemeinschaftsinteressen in einem demokratischen Arbeitsrecht rechtfertigt.

Zweitens: Einer gerechten Güterordnung, die Heller in Anlehnung an die revisionistischen Vorstellungen der Gewerkschaften und der Sozialdemokratie der Weimarer Zeit regelmäßig mit dem Begriff der Wirtschaftsdemokratie eher umschreibt als konkretisiert.

Drittens: Einer umfassenden sozialpolitischen Sicherung, von der er annimmt, dass sie beim erreichten Strand der wirtschaftlichen Entwicklung erfolgreich nur noch als international abgestimmte Politik möglich ist. Sie dient in der Gesamtheit ihrer Bedingungen und Wirkung gleichermaßen der Sicherung der privaten, sozialen und politischen Autonomie.

Die *Zielsetzung* besteht in der politischen Gestaltung der Arbeits- und Güterordnung durch den demokratischen Rechtsstaat unter Wahrung der wirtschaftlichen Eigengesetzlichkeiten. Eigentumsrechte können und müssen daher unter Gesichtspunkten der Rechte aller Betroffenen in ihren Inhalten gesetzlich definiert, beschränkt und gegebenenfalls auch aufgehoben werden können. Das Recht der Gemeinschaft hat für Heller im Einklang mit den entsprechenden Festlegungen der Weimarer Reichsverfassung Vorrang vor privaten Interessen und Rechten, soweit diese ihm widersprechen. Als *Grenzmarkierung* nennt Heller, schon unter dem Einfluss der Erfahrungen mit der sowjetischen Verstaatlichungs- und Planungspolitik, die Abwehr von umfassenden Verstaatlichungsvorstellungen zugunsten gemeinwirtschaftlicher Regelungen.

Die Rahmenbedingung, die die gesamte Neugestaltung der Arbeits- und Wirtschaftsordnung leiten soll, ist der Grundsatz: „Je weiter der Rechtsstaat in die Arbeits- und Güterordnung eindringt, desto notwendiger wird die Beseitigung der staatseigenen Verwaltung zugunsten einer Selbstverwaltung"[15]. Worauf es ihm ankommt, ist eine doppelte Absicherung der Grundrechte aller Personen als Wirtschaftsbürger: zum einen durch die Regelungen des demokratischen Staates zur Wahrung ihrer Rechte und Interessen innerhalb der Arbeits- und Sozialordnung, zum anderen durch die Institutionalisierung des Rechts zur unmittelbaren Selbstwahrnehmung ihrer Interessen in den betreffenden Entscheidungszusammenhängen. Diese sind, in moderner Terminologie, die beiden Di-

---

[15] Heller 1971, II: 458

mensionen der politisch-regulativen Einbettung der Märkte und der industriellen Beziehungen.

Soziale Homogenität, soziale Interessen und Gerechtigkeit

Es ist Heller zufolge nicht schon die argumentative Überzeugungskraft einer auf Gerechtigkeit abzielenden Wirtschafts- und Sozialpolitik, sondern erst die Erwartung, dass ihre Verweigerung in die politische Katastrophe führt, die die privilegierte Klasse motiviert, eine Politik der Gerechtigkeit zu unterstützen. Erst im Maße, wie „die Gegenläufigkeit der Gesetze" von Demokratie und Kapitalismus sich historisch entfaltet, neigt das politische Bürgertum zur Preisgabe seiner Loyalität gegenüber dem eigenen historischen Emanzipationsprogramm und dessen universeller Selbstverpflichtung und sucht seine Zuflucht teils in einem von den Gerechtigkeitsnormen entleerten Formalismus, teils in einem anti-liberalen Nationalismus. In dieser zunehmenden Gegenläufigkeit überlagern sich zwei einander verstärkende Tendenzen: Während auf der Seite des politischen Liberalismus deutlicher wird, dass er sein Gerechtigkeitsverständnis nicht systematisch auf die materielle Arbeits- und Güterordnung der Gesellschaft erstrecken kann, wächst in der Gesellschaft selbst das Bewusstsein der Allgemeingültigkeit der in ihm enthaltenen Rechtsgrundsätze für die Ordnung der gesellschaftlichen Gesamtverfassung.

Es ist diese konkrete Form, die der Widerspruch zwischen liberalem Universalismus und kapitalistischem Partikularismus in einer gegebenen historischen Situation annimmt, die das spezifische Programm einer Sozialen Demokratie veranlasst. Die Ausprägung der Widersprüche zwischen den legitimierenden Normen und den Erfahrungen mit ihrer gesellschaftlichen Realgeltung ebenso wie das politische Bewusstsein, in dem sie ihren jeweils konkreten Niederschlag finden, sind also in Hellers Verständnis einer historischen Dynamik unterworfen. Sie hat unter den Bedingungen der Moderne einen konstanten Bezug auf das universalistische Gleichheitsprogramm der politischen Grundwerte des Liberalismus. Darin bestehen die Chancen der Mehrheitsfähigkeit des Projekts der Sozialen Demokratie und in normalen Zeiten der auf sie bezogene Bereitschaft des Bürgertums, sich im eigenen Interesse ihm nicht zu verweigern.

Wirtschaftsdemokratie

Das Konzept der Wirtschaftsdemokratie wurde in Deutschland in der Zusammenarbeit von Wirtschaftswissenschaftlern und Gewerkschaftstheoretikern unter der Leitung von *Viktor Agartz* in der Zeit der Weimarer Republik entwickelt und hat in seinen strukturellen Grundlagen bis in die neunzehnhundertneunziger Jahre hinein programmatische Geltung beansprucht, auch wenn es zu keinem Zeitpunkt von sozialdemokratisch geführten Regierungen vollständig praktiziert worden ist. Seine leitende ökonomische Idee besteht in der Vorstellung, sowohl die Rahmensetzung des wirtschaftlichen Subsystems wie auch seine maßgebliche Prozesssteuerung könnten unter Beibehaltung aller positiven Effekte der Marktsteuerung durch eine Art paritätischer Parlamentarisierung der wirtschaftspolitischen und makroökonomischen Entscheidungen auf allen Handlungsebenen gewährleistet werden.

An der Spitze der Pyramide befindet sich in diesem Modell ein zentraler *Wirtschaft- und Sozialrat*, der von den Regierungsvertretern, Arbeitnehmern und Arbeitgebern drittelparitätisch besetzt, die Übersetzung politischer Zielvorgaben in makroökonomische Ziele und eine ihnen entsprechende Prozesssteuerung vornimmt.

Die Konkretisierung und Durchführungskontrolle dieser zentralen Steuerungsvorgaben wird dann von *Wirtschafts- und Sozialräten* auf den darunter gelegenen Entscheidungsebenen bis hin zu paritätisch mitbestimmten Aufsichtsgremien in Unternehmen und Betrieben garantiert. Auf diese Weise sollte ein festes demokratisches Gefüge der Institutionalisierung politischer Entscheidungslogik entstehen, das aber gleichzeitig durch den paritätischen Besetzungsmodus die Ausbildung derjenigen flexiblen Organe der Marktsteuerung ermöglichen sollte, die die Produktivitätsvorteile der ökonomischen Logik ins Spiel bringen konnten, ohne mit der politischen Logik in Konflikt zu geraten.

Schon als Modell wirft das Konzept der wirtschaftsdemokratischen Regulation marktkapitalistisch verfasster Wirtschaftssysteme eine Reihe schwer zu beantwortender Fragen auf:

Erstens: Unter welchen Gesichtspunkten kann auf der makroökonomischen Regulationsebene ein Kompromiss oder gar ein Konsens zwischen den beteiligten politischen Akteuren sowie den Unternehmer- und Arbeitnehmerinteressen erfolgen, bzw. wie soll eine Entscheidung im Falle einer Nichteinigung erreicht werden?

Zweitens: Wie kann bei einer solchen hierarchisierten Mitentscheidungsstruktur der politischen Logik gewährleistet werden, dass nicht auf allen Ebenen und bei zahlreichen wichtigen makro-, meso- und mikroökonomischen Entscheidungen die ökonomische Logik gänzlich von der politischen Logik überlagert wird und damit ein der detaillierten Wirtschaftsplanung vergleichbarer ökonomischer Effekt entsteht?

Drittens: Für transnational integrierte Märkte verschärft sich das Koordinationsproblem beträchtlich, da nun im Hinblick auf Flexibilität, Innovation,

Entscheidungstempo und Entscheidungskosten auch ganze ökonomische Regulationsregime in Wettbewerb miteinander treten.

Den Zielsetzungen der Wirtschaftsdemokratie folgte auch der zum Lehrbeispiel gewordene Versuch der französischen Sozialisten unter ihrem Regierungschef *Mitterand* in den neunzehnhundertachtziger Jahren, durch den Vorrang politischer Entscheidungsfindung die Marktregulation vollständig in den Dienst demokratischer Strategien zu stellen und dadurch einen *Bruch* mit der kapitalistischen Logik zu erzwingen und sie durch die politische Logik demokratischer Regulation zu ersetzen. Die wirtschaftspolitische Kehrtwende Frankreichs Anfang der neunzehnhundertachtziger Jahre gilt häufig als das paradigmatische Beispiel für die makroökonomische Entmachtung des Nationalstaats im Zeitalter globalisierter Märkte, vor allem globaler Finanzmärkte. Die sozialistische Regierung trat 1981 mit einer klassischen keynesianischen Expansionsstrategie und politischer Planifikation an, musste jedoch bereits im Sommer 1982 vor den Realitäten der internationalen Kapitalmärkte kapitulieren und ihre gegen die Märkte gerichtete Politik durch eine strenge Geld- und Finanzpolitik mit den Märkten ersetzen.

Das rasche, gründliche und eindeutige Scheitern dieses Versuchs diente in den politischen Begleitdiskursen einerseits als eine Art nachträgliches Bestätigungsexperiment dafür, dass sozialdemokratisch geführte Regierungen, deren Programmvorgaben sie eigentlich dazu verpflichtet hätten, in vielen europäischen Ländern jeden Versuch unterlassen hatten, ihre Absichten in die Praxis umzusetzen. Es diente zugleich auch nach vorne gerichtet als eine Art Beweis dafür, dass die vollständige Indienstnahme der ökonomischen Logik durch die politische Logik unvermeidlich zuerst zum Scheitern der damit proklamierten wirtschaftspolitischen Programme führt und infolge dessen dann auch der Regierungen, die sie zu verantworten haben. Das endgültige Scheitern des sowjetkommunistischen Experiments der Planwirtschaft, trotz all ihrer Versuche, begrenzte Elemente der Marktsteuerung einzuführen, besiegelte dann das Ende dieses Typs von wirtschaftspolitischen Regulationsmodellen, das die Funktionsdomänen der Marktlogik und der politischen Logik auf solche Weise kombinieren will, dass die politische Logik die ökonomische beherrscht[16].

---

[16] Davon unbeschadet ist natürlich der Versuch, auf der Ebene der politischen Semantik weiterhin mit dem Begriff der Wirtschaftsdemokratie zu operieren, auch wenn ihm keine den Traditionen entsprechenden inhaltlichen Bestimmungen mehr gegeben werden können.

Literatur

Euchner, W 1991 (Band II)

Grebing, H. 2007

Heimann, H. / Meyer, T. 1982

Kremendahl, H. / Meyer T. 1974

Kroll, T. 2007

Leser, N. 1998

Sassoon, D 1996

5 Die Modernisierung des Sozialismus

5.1 Kommunitarismus

Kritik am Liberalismus

Seit den neunzehnhundertsiebziger Jahren wurde, zunächst vor allem in den USA, nachfolgend aber auch in europäischen Ländern, vor allem Großbritannien und Deutschland, mit beträchtlicher wissenschaftlicher und öffentlicher Resonanz der Anspruch formuliert, allein die neue geistig-politische Strömung des Kommunitarismus könne angesichts des Scheiterns etatistischer politischer Strategien in den komplexen Gesellschaften der Gegenwart die Erbschaft des freiheitlichen Sozialismus antreten. Der amerikanische Sozialwissenschaftler *Philip Selznick* wählte in diesem Sinne für seinen programmatischen Aufsatz zu diesem Thema den Titel: *Vom Sozialismus zum Kommunitarismus*. Gewollt oder ungewollt wurde dem *Kommunitarismus* in dieser ehrgeizigen Zuschreibung die Rolle einer Nachfolgetheorie für den Sozialismus zugemessen, durchaus verbunden mit dem Anspruch, er könne auf zeitgemäße Weise dessen große Verheißungen und Ansprüche beerben.

Als Geburtsurkunde des Kommunitarismus gilt die Kritik *Michael Sandels* von 1982 an den philosophischen Grundlagen der weltweit innerhalb der Linken höchst einflussreichen *Theorie der Gerechtigkeit* (1971) von *John Rawls*. Rawls hatte sein Gerechtigkeitskonzept, das vielerorts von demokratischen Sozialisten und Sozialdemokraten für die Neubegründung eines egalitären Gerechtigkeitsbegriffs herangezogen wurde, in der Tradition des politischen Liberalismus aus einem Vertrag ursprünglich autonomer Individuen begründet, die in vernünftiger Erwägung zu fairen Prinzipien der Geltung von Rechten und der Verteilung sozialer Chancen für alle gelangten, denen alle zustimmen können. Bei dieser Begründung handelte es sich um eine Weiterentwicklung der Kantischen Moralphilosophie hin zu einem Beratungsverfahren gleicher und autonomer Subjekte in einer idealen Ursprungssituation, in der kein einzelner Mensch wissen kann, welchen Platz in der Gesellschaft, für die alle gemeinsam die Grundnormen festlegen, er einmal einnehmen werde. Ausgangspunkt für den Inhalt und den Verpflichtungscharakter dieses Gerechtigkeitsbegriffs war mithin die gemeinsame Entscheidung ursprünglich autonomer Individuen.

Der in den neunzehnhundertsiebziger Jahren einsetzende kommunitaristische Diskurs, der in den USA von einer in ihren Dimensionen freilich im wesentlichen auf intellektuelle Kreise begrenzten bescheidenen sozialen Bewegung gestützt wurde, machte die individualistischen Grundlagen des Rawls'schen Egalitarismus mitverantwortlich für den Triumph und die unsozialen Folgen des in der Reagan-Ära zu neuem Selbstbewusstsein erwachten politischen Neo-Liberalismus mit seinem libertären Politikverständnis.

Zwei Ebenen der Argumentation

Der Kommunitarismus gewann in den neunzehnhundertneunziger Jahren in den USA, in Europa und auch in asiatischen Ländern wie Korea und Japan auch dadurch rasch an Bedeutung, dass erfolgreiche und prominente Spitzenpolitiker wie der amerikanische Präsident *Bill Clinton* und der britische Premierminister *Tony Blair*, ihr sozialdemokratisches Programm öffentlichkeitswirksam auf Ideen und Konzepte des politischen Kommunitarismus stützten.

Die ursprüngliche politische Theorie des Kommunitarismus argumentiert auf zwei Ebenen politischen Denkens, die oft vermengt werden, tatsächlich aber in ihren Voraussetzungen und Folgen klar zu unterscheiden sind, weil der Zusammenhang zwischen ihnen keineswegs so unauflöslich ist, wie die es die Vertreter des Kommunitarismus selbst nahe legen. Kommunitarismus ist sowohl eine philosophische wie auch eine politische Theorie. Auf philosophischer Ebene geht es um so elementare Fragen wie die nach der Begründbarkeit von Gerechtigkeit und Solidarität, dem Verhältnis von Gerechtigkeit und Sittlichkeit und den letzten Voraussetzungen individueller Entscheidungen über Fragen des richtigen gesellschaftlichen Zusammenlebens. Auf der politischen Ebene geht es um praktische Fragen der Organisation des politischen Gemeinwesens, das Verhältnis von Gesellschaft und Staat, der Beziehung von Rechten und Pflichten des Individuums, die Rolle kleinräumiger freiwilliger Gemeinschaften in der modernen Gesellschaft sowie die besten Wege, die angemessene Balance von Individualrechten und Gemeinschaftspflichten im Alltagshandeln der Bürger zu wahren.

Die kommunitaristische Theorie verknüpft drei Argumente. Das erste Argument lautet, dass Menschen immer nur als Sozialwesen ganz bestimmter sozio-kultureller Gemeinschaften mit ihren konkreten Sittlichkeitsvorstellungen denken und handeln können. Ihre Gerechtigkeitsvorstellungen sind darum stets durch und durch von ihrer konkreten Gemeinschaftszugehörigkeit geprägt. Das zweite Argument lautet, dass ein Vertrag zwischen autonomen Individuen niemals die für gemeinschaftsorientiertes Handeln notwendigen substanziellen sozial-moralischen Bindekräfte erzeugen kann, sondern nur die vorgängige Einbindung des Einzelnen in eine immer schon verpflichtende Gemeinschaft, die sich seinem individuellen Gutdünken von vornherein entzieht. Das dritte Argument zieht aus den ersten beiden die Konsequenz, indem es klarstellt, dass Individuen legitimerweise nur dann Rechte beanspruchen können, wenn sie zugleich die sozialen Verpflichtungen aus ihrer Gemeinschaftszugehörigkeit anerkennen und in ihrer Handlungspraxis befolgen. Damit ist aus kommunitaristischer Sicht nicht nur der Vorrang von Gemeinschaftswerten wie Solidarität und Gerechtigkeit vor den individuellen Rechten begründet, sondern auch der einzige Weg gezeigt, wie ihnen im wirklichen Handeln der Individuen wieder praktische Geltung verschafft werden kann.

Netzwerk und Zivilgesellschaft

Die Kommunitaristen ließen es nicht bei moralischen Appellen bewenden, sondern schlossen sich zu einem landesweiten Netzwerk zusammen und erarbeiteten 1991 ein politisches Handlungsprogramm mit praktischen Reformvorschlägen für die aus ihrer Sicht wichtigsten gesellschaftlichen und politischen Handlungsfelder: *The Responsive Communitarian Platform: Rights and Responsibilities*. Die tragende Säule dieser Plattform sowie der meisten praktischen Handlungsvorschläge, die in den Jahren danach von kommunitaristischer Seite der amerikanischen Öffentlichkeit unterbreitet worden, war die Forderung nach Stärkung der kleinen, intermediären Gemeinschaften in der Zivilgesellschaft. Dadurch sollten mehr und mehr Bürger einerseits wieder befähigt werden, politische Aufgaben in ihrer Lebenswelt in Gemeinschaft mit anderen selbst zu übernehmen und andererseits die Erfahrung gemeinschaftlichen Handelns in überschaubaren Gruppen machen, die ihre soziale Moral und ihre Verantwortungsbereitschaft aufs neue stärken könnten.

Die Nähe der kommunitaristischen Gemeinschafts-Philosophie zu einem solchen politischen Handlungsprogramm liegt auf der Hand. Es knüpft freilich an eine lange Tradition des amerikanischen Bürgerengagements an, in die immer schon unterschiedliche religiöse, geistige und philosophische Einflüsse eingegangen waren. Nichts spricht gegen Positionen, die das Vertragsdenken von Rawls oder auch ganz andere Varianten der theoretischen Begründung von Gerechtigkeit und sozialen Pflichten mit einem solchen praktischen politischen Bürgerengagement verbinden, das ja keineswegs speziell auf die kommunitaristische Tradition bezogen ist.

Projekte des politischen Kommunitarismus

Drei zentrale Dimensionen , die alle in die gleiche politische Richtung einer Stärkung des praktischen Bürgersinns zielen und in enger Wechselwirkung miteinander stehen, lassen sich in den politischen Handlungsprogrammen des Kommunitarismus unterscheiden:

Erstens: Er ist eine Kampagne zur Remoralisierung des öffentlichen politischen Diskurses mit guten Gründen und massiven Appellen sowohl in der großen gesamtgesellschaftlichen Öffentlichkeit wie in den kleinen Öffentlichkeiten der Lebenswelten der Bürger und in der Zivilgesellschaft. Er möchte mit seinen Interventionen Druck machen, sozial verantwortungslose Handlungsweisen entlegitimieren und teilweise sogar gezielt personenbezogen öffentlich anprangern.

Zweitens: Er forciert die soziale Bewegung zur Belebung und Neubegründung des praktischen selbst-initiierten Bürgerengagements in den unmittelbaren Lebenswelten der Gesellschaft mit dem Doppelziel der direkten Erfüllung nahe liegender politischer Pflichten und der Einbindung der Bürger in die Verpflichtungszusammenhänge der Gemeinschaft.

Drittens: Er versteht sich als ein Reformprogramm für die Veränderung bestimmter gesellschaftlicher und politischer Gesetze, Institutionen und Organisationsweisen, die der Verselbständigung des politischen Systems Vorschub leisten oder die praktische Stärkung des Bürgersinns nach kommunitaristischer Auffassung behindern. Dazu gehört für die amerikanischen Kommunitaristen unter anderem die Einführung einer staatlichen Finanzierung der Parteien, um deren Unabhängigkeit vom großen Geld zu ermöglichen, die weitere Stärkung der Autonomie der Schulen, um ihre Rolle als selbstbestimmtes gesellschaftliches Erfahrungsfeld zu verbessern, aber auch die Vorstellung, eine Erschwerung der Scheidung könnte die Verantwortung der Familien für die Erziehung der Kinder auf eine tragfähigere Grundlage stellen.

Damit besetzten die Kommunitarier gleichzeitig drei unterscheidbare Rollen in der Arena polischen Handelns, die herkömmlich von drei verschiedenartigen Akteursgruppen wahrgenommen worden sind. Der Kommunitarismus übernahm zu einem die kulturelle Strategie der Intellektuellen, die durch Kritik und Argumentation auf die öffentliche Meinung und die politische Kultur einer Gesellschaft einwirken wollen, um auf diesem Wege die kulturellen Rahmenbedingungen für politisches Handeln überhaupt zielgerichtet zu verändern. Er initiierte, zumindest der Absicht nach, darüber hinaus eine sozialen Bewegung, indem er breit angelegte Netzwerke gesellschaftlichen und politischen Handelns knüpfte, in denen Bürger zu gemeinsamen Zwecken ohne formelle Organisationsformen auf vielfältige selbstbestimmte Weise praktisch tätig werden, in der Regel in Aktionsgruppen, Bürgerinitiativen und zivilgesellschaftlichen Foren. Und er verfocht in den Arenen des politischen Entscheidungssystems Programme zur Reform und für das Handeln politischer Institutionen, eine Aktionsform, die üblicherweise die Tätigkeit politischer Parteien kennzeichnet. Die

Kommunitaristen wollten aufgrund ihrer Diagnose der gesellschaftlichen und politischen Fehlentwicklungen der zugleich individualisierten und bürokratisierten post-industriellen Gesellschaften diese drei politischen Handlungsstrategien miteinander verknüpfen in der Annahme, dass nur auf diesem Wege die Rückkehr von Gemeinschaftssinn und Bürgerverantwortung möglich sei.

Das Prinzip Bürgerverantwortung

Das politische Ziel des Kommunitarismus ist demnach eine Gesellschaft verantwortungsbereiter Bürger, die in erster Linie selbst und in selbstbestimmten Formen des Engagements in ihren gesellschaftlichen Lebenswelten tätig werden, um politische Probleme, die einer gemeinschaftlichen Lösung bedürfen zu lösen. Dazu gehören in den USA so unterschiedliche Bereiche wie Teile der Gesundheitspflege, Umweltpflege in nachbarschaftlichen Zusammenhängen, die Sicherheit der Wohnviertel, Kontrolle von Drogenkonsum oder Fragen des Schulalltags. Erst in zweiter Linie soll dann das große politische System der Institutionen des Staates und der gesellschaftlichen Organisationen in Anspruch genommen werden, um die politischen Entscheidungen für die ganze Gesellschaft zu fällen, die nur auf dieser Ebene sinnvoll oder möglich sind. Dem liegen vier Erfahrungen zugrunde, die in der Geschichte der USA im Verlauf der letzten beiden Jahrzehnten immer deutlicher geworden sind, die aber auch in den anderen Massendemokratien heute ihre jeweiligen Entsprechungen finden.

Die eine besteht in der Beobachtung, dass die meisten Bürgerinnen und Bürger eine tragfähige Identifikation mit einer Gemeinschaft, die für ihr Alltagshandeln Verpflichtungscharakter gewinnen kann, nicht im großen, abstrakten Rahmen einer Nation, sondern allein im überschaubaren Bereich ihrer gesellschaftlichen Lebenswelten ausbilden können.

Die zweite entspricht der Erfahrung, dass sich ein zuverlässiger Gemeinsinn der Bürger auf die Dauer kaum durch Erziehung und öffentliche Diskurse, geschweige denn moralistische Appelle allein, sondern am ehesten in praktischen Handlungszusammenhängen erzeugen lässt, in denen sich die eigenen Interessen der Individuen mit sozialen Interessen ihrer Gemeinschaft überlappen und die Folgen ihres Handelns oder eben auch ihres Verzichts auf Handeln für sie selbst sichtbar und spürbar werden.

Die dritte Erfahrung ist der deutliche, wo nicht dramatische Rückgang von praktiziertem Bürgersinn in vielen Bereichen von Politik, Gesellschaft und Lebenswelt.

Und viertens gehen die Kommunitaristen davon aus, dass es weder möglich, noch sinnvoll wäre, sämtliche politischen Probleme in der Lebenswelt der Bürger und in den unterschiedlichen Handlungsfeldern der Zivilgesellschaft durch Eingriffe staatlicher Institutionen lösen zu wollen.

Rechte und Pflichten

Der Kommunitarismus kann ungeachtet aller berechtigten Kritik gleichwohl das Verdienst beanspruchen, die in der sozialistischen Tradition stets vernachlässigte Frage nach dem Verhältnis von sozialen Rechten und Pflichten zueinander in überzeugender Weise thematisiert zu haben. Er erhebt den Anspruch, das Rechte-Pflichten-Dilemma, das ebenfalls in den Theorien des klassischen Liberalismus und der Sozialen Demokratie zugunsten einer Begrenzung auf die Begründung der Rechte traditionell vernachlässigt worden ist, auf theoretisch angemessene und praktikable Weise auflösen zu können. In diesem Sinne verstehen sich Repräsentanten der kommunitaristischen Philosophie wie *Philip Selznick* als Architekten der einzigen tragfähigen Gesamttheorie moderner demokratischer Bürgerschaft, die gleichermaßen die pflichttheoretischen Schwächen von Liberalismus, Libertarismus, Sozialismus und Sozialer Demokratie hinter sich lässt[17]. Im Maße wie seit dem letzten Viertel des zwanzigsten Jahrhunderts beide Modelle, der libertäre Liberalismus und der auf umfassende Rechtsansprüche allein gegründeten europäische Sozialstaat in die Krise gerieten, der diktatorische Kommunismus sich aber selbst widerlegte, haben Theoretiker des Kommunitarismus den Anspruch erhoben, das Erbe der Diskurses des Sozialismus und der Sozialen Demokratie anzutreten. Ihre Betonung der konditionalen Rolle von Bürgerpflichten bei der Sicherung der Nachhaltigkeit einer partizipativen und Sozialen Demokratie bietet sich dafür als Grundlage an.

Das Fundamentalismusproblem

Von der Linken, sei es sozialistischer, egalitär-demokratischer oder sozialdemokratischer Prägung, sind einerseits Impulse des Kommunitarismus aufgegriffen worden, jedoch nicht als Gesamtalternative, sondern als antietatistische Korrektive oder zivilgesellschaftliche Ergänzungen ihrer Konzepte. Andererseits sind Philosophie und Politik des Kommunitarismus aus unterschiedlichen Gründen einer teilweise heftigen Kritik ausgesetzt. Dabei stehen zwei Motive im Vordergrund. *Benjamin Barber* hat den Kommunitarismus wegen seines unbedingten Vorrangs der Werte eines jeweils besonderen Gemeinwesens vor den Rechten des Individuums eine Nähe zum politischen Fundamentalismus zum Vorwurf gemacht, der kollektive Ge-

---

[17] Selznik 1995

wissheiten, darin dem Kommunismus nicht unähnlich, an die Stelle individueller Freiheit setzt.

In der politischen Strömung des Kommunitarismus gibt es tatsächlich auch eine deutliche Tendenz, die prekäre Grenze zwischen Gemeinschaftsinteressen und individuellen Rechten zu überschreiten und die Einzelpersonen im Namen der absoluten Gemeinschaft der Werte und Lebensformen zu entmündigen. Das ist zwar kein notwendiges Element des kommunitaristischen Projekts, aber eine naheliegende Versuchung. Es birgt die starke Tendenz einer solchen Interpretation der Vorrangstellung einer substanzialistisch gefassten Gemeinschaft und der von ihr geltend gemachten Pflichten gegenüber den Rechten des Individuums, dass eine gewisse Nähe zu fundamentalistischen Politikkonzepten entstehen kann.

Der Kommunitarismus ist weder eine neue Heilslehre noch ein umfassender Gegenentwurf zu den Projekten des Sozialismus und der Sozialen Demokratie. Auch die Kommunitaristen gehen davon aus, dass die *theoretisch* als zwingend legitimierten sozialen und politischen Pflichten zur individuellen und kollektiven Selbsthilfe *nicht institutionell* erzwingbar sind, jedenfalls nicht mit legitimen Rechtsmitteln. Einige Repräsentanten des Kommunitarismus wie *Amitai Etzioni* neigen zu der Vorstellung, unmittelbaren sozialen Druck auf die ihre Pflichten nicht erfüllenden Bürger bis hin zur persönlichen Repression und öffentlichen Anprangerung als *scheinbar* zivilgesellschaftliche Äquivalente legaler Erzwingbarkeit begründen zu können. Zudem neigen die Kommunitaristen dazu, der jeweils konkreten Gemeinschaft mit ihren Werten und Regeln, in die das einzelne Individuum einbezogen ist, einen absoluten Vorrang vor dessen Wertüberzeugungen und Freiheitsverständnis einzuräumen, so dass sie Gefahr laufen, der fundamentalistischen Versuchung zu erliegen.

Partielle Strukturblindheit

Von sozialistischer und sozialdemokratischer Seite ist der Kommunitarismus als eine bloß liberal-bürgerliche Reformbewegung klassifiziert worden, weil er die das wirtschaftliche und gesellschaftliche Leben am stärksten prägenden gesellschaftlichen und politischen Institutionen und Strukturen kaum thematisiert und so gut wie gar nicht zum Gegenstand seiner Veränderungsstrategien macht. Er blendet in seinen politischen Handlungsprogrammen so entscheidende Bereiche wie die Wirtschaftspolitik, die Technologiepolitik, die Sozialpolitik oder die Bildungspolitik weitgehend aus. In seinen oft durchaus respektablen öffentlichen Debatten über soziale Gerechtigkeit und Gemeinwohl spart er die alles entscheidenden Fragen der sozialen und politischen Macht fast gänzlich aus und erweist sich damit selbst als ohnmächtig zur notwendigen Zurückdrängung mächtiger Individualinteressen, die gegen das Gemeinwohl gerichtet sind.

Als Gegenentwurf zu Sozialismus und der Sozialen Demokratie eignet sich der politische Kommunitarismus wegen seines prinzipiellen Defizits bei der Einbeziehung gesellschaftlicher, wirtschaftlicher und politischer Institutionen und Strukturen in seine Analysen und Handlungskonzepte nicht. Er beschränkt sich auf Initiativen zur Neubelebung und zur Reform der politischen Kultur in den liberalen Massendemokratien.

Bedeutung des Kommunitarismus

Der Kommunitarismus bietet starke Gründe dafür, dass Solidarität nicht als ein abstraktes Postulat wirksam werden kann, sondern nur als eine Praxis in den Wechselbeziehungen einer gemeinsam geteilten Lebenswelt. Darauf zielt der kommunitaristische Begriff der „moralischen Infrastruktur"[18]. Er verweist auf die Notwendigkeit der Schaffung konkreter Erfahrungsorte in der Lebenswelt der Bürger, wo sich ihre Eigeninteressen und die Gemeinschaftsinteressen überlappen und auf diese Weise in politischen Handlungszusammenhängen die Erfahrung möglich machen, dass zwischen beiden kein ausschließender Gegensatz besteht. Solche Orte freiwilligen Gemeinschaftshandelns zu politischen Zwecken können zur Quelle der Entstehung und Stärkung eines Bürgersinns werden, der sich in seiner Praxis nicht erschöpft, sondern regeneriert. Das ist dem kommunitaristischen Argument zufolge um so eher zu erwarten, je deutlicher für den Einzelnen der Zusammenhang zwischen seinem individuellen Beitrag und dessen Wirkungen für das Wohl des Gemeinwesens, in dem er lebt, sichtbar und erfahrbar wird.

Der Kommunitarismus erscheint im Hinblick auf die Traditionen und die Gegenwartsprobleme des Sozialismus folglich weder als eine neue Heilslehre noch ein umfassender Gegenentwurf. Aufgrund seiner weitgehenden Strukturblindheit lässt er sich auf viele Fragen der Gesellschaftsreform nicht ein, die für die sozialistische Fragestellung stets von zentraler Bedeutung waren. Aber er ist aus all den dargelegten Gründen dennoch für einige wichtige Bereiche der Gesellschaftsreform ein fruchtbarer und ernst zu nehmender Impuls, sowohl in seinen *Projektvorschlägen* wie in seiner politischen *Methode*. Beide zielen auf neue Wege zur Stärkung der politischen Bürgergesellschaft als Angelpunkt einer Erneuerung demokratischer Reformpolitik. In die Tradition des demokratischen Sozialismus könnte er als eine Richtungssymbolisierung für eine neue politische Arbeitsteilung von Staat und Gesellschaft aufgenommen werden.

---

[18] Etzioni 1995

5.2 Sozialismus und Globalisierung

Herausforderung Globalisierung

Die mit der fortschreitenden Liberalisierung der internationalen Handelsbeziehungen seit den 1970er Jahren in Gang gesetzte neue Welle der Globalisierung ist durch eine fast vollständige Entgrenzung der Märkte bei gleichzeitig fortwirkend nationaler Begrenzung politischer Gestaltungsmacht gekennzeichnet. Sie schien daher anfänglich die intellektuellen und politischen Konzeptionen des demokratischen Sozialismus vor unlösbare neue Aufgaben zu stellen. Indem die weltweite Öffnung der Märkte die politische Ökonomie dem gestaltenden Zugriff des demokratischen Staates mehr und mehr entzog, schien sie die sozialistische Strategie nun endgültig der Mittel zu berauben, mit denen sie die politische Einbettung und Regulation der Märkte sowie deren sozialstaatliche Flankierung beitreiben konnte. In den Augen einflussreicher Autoren war dies gleichbedeutend mit dem Ende auch bescheidener Versionen der sozialen Demokratie.

Dieser Tenor jedenfalls prägte einflussreiche wissenschaftliche und politische Schriften seit den neunzehnhundertachtziger Jahren, die sich der sozialistischen Tradition zuordnen lassen. Globalisierungskritik und Kampf gegen die Globalisierung waren ihre bevorzugten Themen. Beide beschränkten sich im Wesentlichen auf eine Veto-Politik. Ihren symbolischen Ausdruck fanden sie in der transnationalen Protest-Bewegung Attac.

Globalisierung und Soziale Demokratie

Für eine Theorie der Sozialen Demokratie ist die Herstellung demokratischer Handlungsbedingungen in der globalen Arena aus vier Gründen eine wesentliche Herausforderung:

1. zur Gewährleistung der Funktionsfähigkeit der Entscheidungs- und Handlungsverfahren der liberalen Demokratie zur Bearbeitung aller als politisch definierten sozialer Risiken und Problemlagen auf der globalen Ebene;
2. zur Sicherung der demokratischen Entscheidungssouveränität für die weiterhin auf der nationalstaatlichen Ebene lösbaren politischen Probleme,
3. zur sozialen, politischen und ökologischen Einbettung der offenen Märkte im Hinblick auf die Grundrechte aller von ihren Auswirkungen betroffenen Personen und

4. zur Gewährleistung der politischen Handlungsvoraussetzungen für die Realisierung des Projekts der Sozialen Demokratie innerhalb jeder einzelnen Gesellschaft.

Die negative, allein die Märkte betreffende Globalisierung ist, wie schon die bisherigen ersten Ansätze von *global governance* demonstrieren, im Gegensatz zum Urteil des britischen Premiers *Tony Blair* kein *fact of life*, mit dem sich alle gesellschaftlichen und politischen Akteure ausschließlich noch auf dem Wege bloßer Anpassungsstrategien arrangieren müssen[19]. Sie ist innerhalb gegenwärtig nicht zuverlässig abschätzbarer Grenzen gestaltbar. In welchem Verhältnis die politischen Handlungsstrategien der Anpassung (coping) und der konstruktiven Gestaltung (shaping) bei der demokratiepolitischen Bewältigung der Globalisierungsprobleme in den absehbaren Fristen zum Zuge kommen werden, ist eine offene Frage. Ihre vorläufige demokratietheoretische Beantwortung setzt eine genaue Klärung der *normativen*, *systemlogischen* und *akteurstheoretischen* Bedingungen voraus, unter denen das politische Projekt einer positiven Globalisierung durch eine hinreichend demokratische Form von global governance steht.

Zu den normativen Voraussetzungen gehört die Klärung des Anspruchs eines *Weltbürgerrechts*. Zu den systemlogischen Voraussetzungen gehört eine empirisch informierte Antwort auf die Frage nach den realistischen Möglichkeiten *transnationaler Demokratisierung*. Zu den akteurstheoretischen Herausforderungen gehören nicht nur die immensen Lasten der ungelösten sozialen, ökologischen und wirtschaftlichen Probleme, sondern auch die Analyse der unsymmetrischen *Interessen* und *Handlungsressourcen* der Staaten und globalen gesellschaftlichen Akteure.

Innerhalb des linken Diskurses besteht Konsens darüber, dass entscheidend für die Chancen beim Aufbau Sozialer Demokratie in der globalen politischen Arena das Zusammenwirken von drei Faktoren sein wird:

⇨ die unabweisbare Erkenntnis, dass ohne einen Mindestrahmen Sozialer Demokratie ökologische Krisen die physischen Existenzbedingungen aller Gesellschaften untergraben und die sozialen Lebensbedingungen überall auf der Welt immer wieder krisenhaft erschüttern;

⇨ die Erfahrung, dass wirtschaftliche Krisen als Folge unzureichend geregelter Finanzmärkte häufig den Charakter nicht vorhersehbarer und nicht begrenzbarer Flächenbrände haben, vor deren Wirkungen sich auch die Kooperationsverweigerer nicht retten können;

---

[19] Blair 1998

⇨ das Erstarken der grenzüberschreitenden Gegenwehr der von den Folgen bloß negativer Integration am meisten betroffenen Gruppen, weil für viele nationale Akteure der politische Preis der Kooperationsverweigerung mit der Zeit die ökonomischen Kosten der Kooperation übersteigt.

Handlungsorientierte Globalisierungstheorie

Seit den 1990er Jahren entwickelte sich zwischen Sozialwissenschaftlern und Intellektuellen, die den Grundwerten und Zielen sozialer Demokratie verbunden sind, sowie im Umfeld und innerhalb der Parteien der *Sozialistischen Internationalen* eine intensive Debatte über die Möglichkeiten einer fairen Globalisierung, die das Projekt der sozialen Demokratie selbst globalisiert. In ihm fanden vor allem die Ergebnisse der sozialwissenschaftlichen Forschung zum Thema Globalisierung und soziale Demokratie einen Niederschlag. Ihren konzentrierten handlungsorientierten Ausdruck findet diese wissenschaftliche Theoriebildung in drei maßgeblichen Dokumenten: dem *Rasmussen-Bericht der Sozialdemokratischen Europäischen Partei* von 2003, der Studie der *Sozialistischen Internationale* von 2005 und dem Bericht *Fair Globalization* der Internationalen Arbeitsorganisation von 2005. In diesen Texten manifestiert sich am deutlichsten die in den folgenden Abschnitten entwickelte, für die Praxis maßgebliche Theoriebildung der Sozialen Demokratie im Hinblick auf die historisch neue Herausforderung der Globalisierung.

Negative und Positive Globalisierung

Als Beschreibung weist der Begriff „Globalisierung" auf den beträchtlichen und rapiden Bedeutungsverlust hin, den nationale und regionale Grenzen für viele und wichtige, aber keineswegs für alle bedeutenden wirtschaftlichen und gesellschaftlichen Entwicklungen seit dem letzten Viertel des zwanzigsten Jahrhunderts erfahren haben. Die globale Verflechtung wichtiger Gütermärkte, sowie der Investitions- und Finanzmärkte ist weitgehend vollzogen, während andere Gütermärkte, viele Dienstleistungsmärkte und vor allem die Arbeitsmärkte auf absehbare Zeit regional, national oder sogar lokal begrenzt bleiben. Die Verbreitung von Wissen, Informations- und Unterhaltungsangeboten lässt sich im Zeitalter von Internet und Satellitenkommunikation prinzipiell nicht mehr auf Ländergrenzen beschränken, aber im größten Teil der armen Welt ist der Zugang zu beiden auf kleine Wohlstands- und Bildungseliten begrenzt.

Durch die unaufhaltsamen, global gestreuten Ströme von Arbeitsimmigranten und Flüchtlingen sind die verschiedenen Religionen und Kulturen der Welt überall auf dem Globus in enge Nachbarschaft zueinander gerückt. Diese Entwicklungen und der weltweite Massentourismus aus den reichen Ländern machen Krankheiten aller Art, auch solche die vielerorts seit langem als überwunden galten, zum globalen Phänomen, während Heilversorgung und wirksame Medikamente, die im Prinzip ebenfalls weltweit zugänglich sein könnten, in den armen Ländern oft auf privilegierte Eliten begrenzt bleiben. Einzelne Produkte der modernen Technologie, wie Autos oder Computer werden heute in Ländern zusammengesetzt, die die Einzelteile dazu über den ganzen Erdkreis verstreut herstellen lassen. Die ökologischen Risiken der Industriegesellschaft respektieren keinerlei Grenzen und schlagen oft gerade dort am härtesten zu Buche, wo sie am wenigsten verursacht wurden, so wie in Bangla Desh die lebensgefährdenden Überschwemmungskatastrophen überhand nehmen, weil die Industrieemissionen Nordamerikas und Europas die Erdatmosphäre mit Giftstoffen überlasten. Diese Prozesse der Globalisierung sind real, vielgestaltig, von unterschiedlicher Reichweite und Wirkung.

Zähmung der Widersprüche

Auf vielen Gebieten, zum Beispiel den weitgehend ungeregelten Finanzmärkten und der Umweltzerstörung, zeigen sich zahlreiche und äußerst schwerwiegende negative Konsequenzen, deren Beherrschung mit den in diesem Stadium der Globalisierung weit unterentwickelten Instrumenten der politischen Zusammenarbeit nicht möglich erscheint. So wie jedoch der Industriekapitalismus des neunzehnten Jahrhunderts im Zuge der Entfaltung seiner destruktiven Potentiale soziale und politische Gegenkräfte hervorgebracht hat, die in den meisten Ländern mit Demokratie und Sozialstaat allmählich positive Strukturen für deren Begrenzung und Beherrschung aufbauten, zeichnet sich auch im Falle der Globalisierung die Perspektive einer Phase der positiven Integration des Aufbaus gemeinsamer Handlungsstrukturen deutlich ab.

Politische Parteien, Gewerkschaften, Bürgerinitiativen, globale Bürgerbewegung, transnationale Institutionen, wissenschaftliche Analysen der Folgen bloß negativer Integration und eine sich neu herausbildende globale Öffentlichkeit wirken mit wachsendem Nachdruck für den Aufbau wirkungsvoller Formen transnationaler politischer Kooperation, die eine ökologische, makroökonomische und soziale Regulation des globalen Kapitalismus allmählich durchsetzen können. Erst wenn die bisherige überwiegend bloß negative Globalisierung der Grenzüberschreitungen durch eine positive Globalisierung der politischen Kooperation in ausreichendem Masse ergänzt sein wird, lässt sich ihr Potential für die menschliche Zivilisation nutzen.

Im Kernbereich der ökonomischen Globalisierung finden sich unterschiedliche Prozesse, die nur teilweise miteinander verbunden sind und die sehr unterschiedliche Herausforderungen mit dich bringen: *Erstens* die weltweite Integration der Märkte für Güter und Dienstleitungen. Durch die zunehmende Liberalisierung des Welthandels und den Abbau von Zollbarrieren und anderer Handelshemmnisse (GATT und WTO) sind die ehedem national geschützten Märkte weitgehend zu einem weltweiten einheitlichen Markt zusammengewachsen. Nationale Volkswirtschaften können sich nicht mehr nach Bedarf gegenüber der Konkurrenz anderwärts erzeugter Waren und Dienstleistungen abschotten. *Zweitens* das Ende der Finanzordnung der Nachkriegszeit (Bretton Woods) mit seinen an der Dollarleitwährung orientierten Wechselkursen, die Öffnung der Grenzen für Finanz-Zu- und -Abflüsse sowie die Fortschritte in der Kommunikationstechnologie mit der Möglichkeit billiger Echtzeitkommunikation rund um den Globus haben die Finanzmärkte revolutioniert. Neue Instrument zur finanztechnischen und währungsbezogenen Absicherung aller Arten von Waren-, Finanz- und Währungstransaktionen haben zu einem historisch beispiellosen Hoch spekulativer Finanzgeschäfte geführt. *Drittens:* Marktbeherrschend sind auf vielen der technologisch fortgeschrittensten Gütermärkte eine überschaubare Anzahl transnationaler Großkonzerne. Das gilt ebenso für die Branchen der Massenmedien und der elektronischen Unterhaltungsindustrie.

Wie sich in diesem offenen Prozess der globalen Ökonomie im Verlaufe der weiteren Entwicklung die Gewichte zwischen privater Wirtschaftsmacht und politischer Regulierungsmacht, zwischen verstärktem Wettbewerbsdruck und neuen Marktchancen, zwischen Hochtechnologieländern und bisherigen Niedriglohnländern verteilen werden, hängt nicht allein von der Tatsache der ökonomischen Globalisierung selbst ab. Es wird entschieden im Ringen um die Dichte und Wirksamkeit der transnationalen politischen Kooperation, in Ausmaß des Konsenses über die Ziele der politischen Regulierung und die Instrumente ihrer Durchsetzung sowie der Durchsetzung zivilisierender Imperative für die globalen Handlungsstrategien der großen Konzerne. Worauf es schließlich für die Chance der politischen Ziele sozialer Demokratie in der Ära der Globalisierung entscheiden ankommt, ist das Verhältnis von Marktglobalisierung und globaler Regulation.

Globale Demokratisierung

Die Prozesse der Globalisierung, die sich auf den verschiedenen Ebenen ökonomischer, gesellschaftlicher, ökologischer, sicherheitspolitischer, kultureller und informationeller Realität tatsächlich vollziehen, betreffen in ihren Auswirkungen ganz überwiegend alle Menschen in allen Ländern der

Welt, während durch die weithin bloß nationale Verfassung der Politik gleichzeitig die Chancen einer wirkungsvollen Einflussnahme auf sie rapide schwinden. Aus diesem Diskrepanzproblem ergibt sich ein weitreichendes und grundlegendes politisches Dilemma. Probleme aus dem gesellschaftlichen Zusammenleben, die sich für den einzelnen und erst recht für ganze Gesellschaften durch freie Wahlhandlungen nicht vermeiden lassen, sind im Kern immer politische Probleme, die einer politischen Lösung durch gemeinsame verbindliche Entscheidungen bedürfen. Nach der allgemein anerkannten politischen Legitimationsidee der modernen Politik, können solche Probleme in unserer Zeit aber nur unter Beachtung von drei gültigen Normen gelöst werden:

Erstens muss die Wahrung universeller Menschenrechte Rahmen und Ziel legitimer Problemlösungen sein;

zweitens müssen alle Entscheidungsbetroffenen in einem demokratischen Verfahren die betreffenden Entscheidungen gemeinsam fällen; und

drittens muss sich das Kollektiv der Entscheidungsbeteiligten im Prinzip so weit erstrecken wie der Kreis der von den zugrundeliegenden Problemen und dann von den auf sie bezogenen Entscheidungen betroffenen Menschen.

Notwendige Weltbürgerschaft

In diesem Sinne führt das Zusammenwirken des politischen Charakters der weltweiten Problemfolgen globaler Prozesse mit den universellen Normen legitimer politischer Entscheidungen in der Gegenwart notwendigerweise zur Idee einer Weltstaatsbürgerschaft mit entsprechenden modernen Weltstaatsbürgerrechten. Ein Bürger, der beispielsweise in Bangla Desh seine fundamentalen Gesundheits- und Lebensinteressen durch Umweltschädigungen beeinträchtigt sieht, die in Europa oder USA verursacht werden, hat einen Anspruch auf angemessene Mitwirkung an den Entscheidungen, die diese Schädigungen abstellen.

Rechte, Mitwirkungsmöglichkeiten und Verantwortungspflichten werden im Hinblick auf die alle betreffenden Probleme global. Das heißt gerade nicht, dass nun alle an allen politischen Entscheidungen in jeder Gesellschaft mitwirken, noch dass die politischen Ansprüche aus den Weltbürgerrechten zweckmäßig in der Verfassungsform eines Weltstaates erfüllt werden können. Worauf es ankommt ist vielmehr, für jede politische Problemdimension diejenige Entscheidungsebene und diejenigen Entscheidungsverfahren zu finden, die ihr am besten gerecht werden können. Ob die lokale, die nationale, die regionale oder eine globale Entscheidungsebene in Betracht kommt, hängt in erster Linie davon ab, wo das Problem, um das es geht, wirkungsvoll gelöst werden kann. Das gleiche gilt für die große Vielfalt politischer Entscheidungsverfahren. Globale Demokratie heißt daher zunächst der in seinen einzelnen Schritten und Instrumenten offene Prozess, in dem das Weltbürgerrecht sich praktische politische Geltung verschafft. In diesem Sinne ist globale Demokratie ein grundlegendes Element und die Voraussetzung für soziale Demokratie unter den Bedingungen der Globalisierung.

Globale öffentliche Güter

Die Einbettung des Weltmarktes zielt auf die Gewährleistung der globalen öffentlichen Güter ab, die als Voraussetzung der Realisierung universeller Grundrechte gelten können. Einige von ihnen, wie ein Mindestmaß finanzpolitischer Stabilität und die nachhaltige Sicherung einer intakten Umwelt sind zugleich elementare Bedingungen für die längerfristige Selbsterhaltung des globalen Marktsystems selbst. Das Konzept der *Global Public Goods* ist im Rahmen von neueren UNDP-Projekten entwickelt worden und hat einen unmittelbaren politischen Handlungsbezug. Es formuliert einerseits eine Reihe von Grundgütern, wie internationale Sicherheit, ökologische Nachhaltigkeit, Finanzmarktstabilität etc., die ihrer Natur nach allen Menschen zugute kommen und an denen insofern alle ein gleichmäßiges Interesse nehmen können. Und es enthält zum anderen eine Reihe von kollektiven Grundgütern, wie den Zugang zu gesundheitlicher Versorgung, zur Bildung und Ausbildung, zu sozialer Sicherheit und zu Erwerbschancen, die aus normativen Gründen allen Menschen zugänglich gemacht werden müssen, um bestimmte Mindestbedingungen eines menschenwürdigen Lebens überall auf der Welt zu gewährleisten. Der Ansatz ist auf die Entwicklungszusammenarbeit bezogen und insofern als ein *globales Kooperationsprojekt* angelegt.

Globalisierung und Soziale Demokratie

Radikale Basis-Demokraten wie der amerikanische Politikwissenschaftler *Benjamin Barber* vermuten, dass die Zivilisierung des globalen Kapitalismus allein von der weltweiten Aktivierung der Zivilgesellschaft erwartet werden kann[20]. Die Institutionen und Strukturen der repräsentativen Demokratie seien einerseits zu abgelöst von den eigentlichen Bürger- und Weltbürgerinteressen und andererseits aufgrund der Blockade der transnationalen Wirtschaftsinteressen zu wenig in der Lage, eine wirkungsvolle globale

---

[20] Barber (1995)

politische Regulierung zu organisieren. Transnationale Netzwerke und Aktivitäten der Zivilgesellschaft sind eine wesentliche Voraussetzung und ein fortwährend mit entscheidendes Element globaler Demokratie. Sie können die Wirkungen transnationaler Institutionen, regionaler Kooperationsbündnisse und globaler Regelungsregime erheblich verbessern und in enger Fühlungnahme mit den Lebenserfahrungen der von ihnen betroffenen Menschen halten. Aber sie können sie nicht ersetzen. Aus der Perspektive der sozialen Demokratie ist die globale Zivilgesellschaft ein wesentlicher Teil, aber keinesfalls das Ganze der globalen Demokratisierung.

Der Philosoph *Otfried Höffe* hat seine überzeugende Begründung globaler sozialer und Weltbürgerrechte in den Vorschlag einer subsidiären und föderalen Weltrepublik gekleidet. In der Sache kann diese Leitidee politisch produktiv werden, sofern sie ein Richtungssymbol für die vielfältigen Prozesse globaler Demokratisierung, aber nicht für einen Weltstaat sein will. Globale Demokratisierung bedeutet den Gestaltungsvorrang demokratisch legitimierter politischer Akteure gegenüber privaten Entscheidungen über wirtschaftliche und gesellschaftliche Entwicklungen. Sie verlangt die Fortsetzung, Ausweitung und Intensivierung der schon in Gang gekommenen Vernetzung der vier Hauptstränge transnationaler politischer Regulation:

Globale Demokratisierung
erstens der globalen politischen Institutionen(vor allem der UNO, ihrer Unterorganisationen und deren wirtschaftlichen, sozialen, politischen und ökologischen Handlungsmöglichkeiten),

zweitens der globalen problemspezifischen Regelungswerke (z.B. der Welthandelsorganisation, Umweltschutzabkommen, Klimaschutzregeln, Arbeitsschutzabkommen etc),

drittens des Ausbaus und der Vernetzung regionaler Systeme politischer Zusammenarbeit (wie der Europäischen Union, Asean, SAARC, Mercosur, NAFTA etc) und

viertens der transnationalen Initiativen der Zivilgesellschaft.

Dem Projekt liegt die Idee globaler Staatsbürgerrechte zugrunde, die sich allmählich in globalen Institutionen und zivilgesellschaftlichen Aktionsformen konkretisiert[21].

Soziale Demokratie in der globalen Welt verlangt den funktional wirkungsvollen und weltbürgerlich angemessene Ausbau und die Vernetzung

---

[21] The Commission on Global Governance (1995)

der vier maßgeblichen transnationalen politischen Entscheidungsebenen in einem offenen Prozess. Zwischen diesen Ebenen bestehen erhebliche Wechselwirkungen, die gezielt zu organisieren sind. Das Prinzip der Subsidiarität enthält die Grundregel für die Verteilung der Entscheidungen auf diese Ebenen:

⇨ *Ebene der Zivilgesellschaft.* Hier können diejenigen sozialen und politischen Herausforderungen thematisiert und bearbeitet werden, die die Lebenswelt der Menschen direkt betreffen und an Ort und Stelle in informellen Verfahren geregelt werden können. Nationale, regionale und globale Netzwerke zivilgesellschaftlicher Akteure wirken darüber hinaus als Bürgerlobbies auf die institutionalisierten Entscheidungsprozesse der darüber liegenden Ebenen ein.

⇨ *Ebene der nationalen politische Institutionen.* Dort sollen alle politischen Entscheidungen getroffen werden, die auf ihr effektiv entschieden und durchgesetzt werden können. Auf höher gelegene Stufen der politischen Kooperation sollen daher nur diejenigen Entscheidungsprobleme delegiert werden, die sich nur noch dort mit Aussicht auf Erfolg bearbeiten lassen. Bildung, Kultur, Soziale Gerechtigkeit und Sicherung, Sicherheit, Arbeitsbeziehungen sind auch künftig primär politische Gestaltungsaufgaben für die nationalstaatliche Entscheidungsebene. Gleichzeitig sind die nationalstaatlichen politischen Institutionen ein entscheidendes Instrument für die politische Mitentscheidung auf den beiden höher liegenden Gestaltungsebenen der größeren Region und der Welt.

⇨ Die *Ebene der regionalen politischen Zusammenarbeit,* beispielhaft in dieser Hinsicht die am weitesten zusammengewachsene Europäische Union, spielt für die politische Gestaltung eine dreifache Rolle. Sie regelt die nur auf der regionalen Ebene erfolgversprechend zu lösenden Probleme, wie Handels- und Ökologiepolitik. Sie wirkt auf die darüber liegende Ebene der globalen politischen Kooperation ein und sie gewährleistet das gewünschte Maß an Übereinstimmung und Koordination der Lebensverhältnisse innerhalb der ihr zugehörigen Länder.

⇨ Auf der *globalen Ebene der UNO, der global agierenden informellen Steuerungsgruppen wie G8* und der weltweit wirkenden *Institutionen und Regime* (wie Weltbank, Weltwährungsfonds, Welthandelsabkommen/GATT, WTO, Kyoto-Protokoll zum Klimaschutz) schließlich müssen gemeinsame Regelungen und Durchsetzungsmechanismen für die nur global regulierbaren Probleme gefunden werden. Dazu gehören insbesondere Fragen der ökologischen und sozialen Mindeststandards, der Regulierung der Finanzmärkte und der Verhaltensregeln für Transnationale Konzerne. Die Einrichtung eines Weltsicherheitsrates für Wirtschaftsfragen mit allgemeinen Beratungs- und prinzipiellen Entscheidungsbefugnisse, wie ihn die UNO-Kommission über Global Governance 1994 vorgeschlagen hat, ist ein Beispiel für die sinnvolle Ergänzung und Verknüpfung dieser Institutionen.

Der Ausbau und die Vernetzung dieser vier politischen Entscheidungsstränge ist ein Prozess globaler Demokratisierung, der kleine und große Schritte erlaubt, dessen Richtung durch das Weltbürgrecht und die soziale Demokratie vorgezeichnet sind, dessen Formen und dessen Tempo indessen allein vom Konsens der Gemeinschaft der Staaten und ihrer Zivilgesellschaften bestimmt werden können.

Die Globale Einbettung der Märkte

Die soziale Einbettung der offenen Märkte zielt auf die globale Durchsetzung der sozialen Grundrechte. Aus dem grenzüberschreitenden Charakter der externen Effekte transnational integrierter Märkte können fünf globale politische Handlungsverpflichtungen zu ihrer Wiedereinbettung in die durch Grundrechte und Demokratie definierten sozialen Verantwortungsstrukturen legitimiert werden[22]:

Erstens: Eine rechtsverbindliche Rahmensetzung für das Marktgeschehen im Hinblick auf die sozialen und ökonomischen Kosten. Die Beziehungen zwischen politischer Zielsetzung und ökonomischem Handeln müssen auf der transnationalen Ebene neu verhandelt und ausbalanciert werden. In jedem Fall bedarf die transnationalisierte Ökonomie des Aufbaus von politischen Institutionen, die die Einbeziehung der beteiligten Akteure in weltweite Verantwortungsstrukturen auf der Basis der Grundrechte erlaubt.

Zweitens: Neue Formen der ökonomischen Koordination für das Handeln der globalen Akteure, vor allem durch eine transnationale regulative Politik der reformierten Institutionen des Währungsfonds, der Weltbank, der OECD und der Gruppe der Sieben im Hinblick auf politisch legitimierte Ziele. Dabei ist die Frage von untergeordneter Bedeutung, wie eine regulierende globale Agentur organisiert und institutionell zugeordnet werden soll. Was zählt, ist allein, dass sie in der Lage ist, die ökonomischen Aktivitäten der verschiedenen regionalen und globalen Handlungsebenen sowie der un-

---

[22] Held 2000: 428

terschiedlichen wirtschaftlichen und gesellschaftlichen Akteure im Hinblick auf die Grundrechte zu koordinieren[23].

Drittens: Von besonderer Bedeutung ist die Regulation der internationalen Finanzmärkte, deren spontane Wirkungen andernfalls ganze Volkswirtschaften so beeinträchtigen können, dass gravierende Risiken für die ökonomische und politische Handlungsfähigkeit der betroffenen Gesellschaften drohen. Transparenz, Verantwortlichkeit und die Möglichkeit der zielgerechten Koordinierung unter demokratischen Kontrollbedingungen sind im Hinblick auf die Grundrechte eine unerlässliche Konsequenz der ökonomischen Globalisierung.

Viertens: Entwicklungshilfe, Schuldenerlass und entwicklungsadäquate globale Kreditbedingungen, einschließlich einer darauf bezogenen Änderung der Politik der Weltbank und des internationalen Währungsfonds, sind als globale Korrektive der Folgen integrierter Märkte unerlässlich.

Fünftens: All diese Maßnahmen transnationaler ökonomischer, sozialer und ökologischer Regulation gewinnen ihre Legitimation erst in dem Maße, wie sie sich aus demokratisch diskutierten und kontrollierten Politikprozessen ergeben. Die Demokratisierung der Entscheidungen in den transnationalen Institutionen und die Reform des Weltsicherheitsrates sind wichtige Schritte auf dem Wege zu einer solchen Entwicklung.

Das bedeutet für die Realisierung der Ziele sozialer Demokratie in der Globalisierungsdimension der integrierten *Gütermärkte*:

Einbettung der Weltmärkte

Die Regeln des Welthandels, wie sie im WTO-Regime niedergelegt sind, müssen von den verbliebenen Handelshemmnissen befreit werden, die vor allem Entwicklungsländer benachteiligen.
Die Normen für menschenwürdige Arbeitsverhältnisse der ILO müssen weltweit durchgesetzt werden, u.a. indem Produkte, die im Einklang mit ihnen hergestellt worden sind, auf den Märkten ausgezeichnet werden.
Über schon bestehende ökologische Regulierungen weit hinausgehend muss zügig auf ein der WTO vergleichbares globales Regime zur Sicherung ökologischer Standards der Produktionen und Produkte hingearbeitet werden. Die Umsetzung des Kyoto-Protokolls ist ein wichtiger Baustein für ein solches Gebäude.

---

[23] Altvater/Mahnkopf 2002

Entwicklungspolitik

Die Weltentwicklungspolitik muss zwei miteinander verbundene Ziele verfolgen: *erstens* die Hilfe der reicheren Nationen und der Weltgemeinschaft im Ganzen zur Gewährleistung der elementaren Grundrechte aller Personen in allen Teilen der Welt und *zweitens* die Verringerung der gegenwärtig extremen Form von Wohlstands-Ungleichheiten zwischen den armen und reichen Ländern.

Die *Milleniumsziele der Vereinten Nationen* bilden die Plattform, auf der die reichen Länder kooperieren sollen, um diesen Zielen näher zu kommen. Dabei geht es gleichzeitig um beides: die Gewährleistung der Grundrechte und die Erfüllung wesentlicher Voraussetzungen für ein hinreichendes Maß an Stabilität der globalen Beziehungen als vorbeugende Sicherheitspolitik. Auch die großen Flüchtlingsströme, die Leid für die Betroffenen und Integrationsprobleme in den Aufnahmeländern bewirken, sind dauerhaft nur durch einen solchen entwicklungspolitischen Ansatz und seine glaubwürdige Verwirklichung zu erfüllen.

Dieses Kernkonzept einer demokratisch-sozialistischen Antwort auf die Herausforderungen der marktbestimmten Globalisierung ist die programmatische Orientierung der *Sozialistischen Internationalen* und ihren Mitgliedsparteien. Es stützt sich auf eine breite Palette wissenschaftlicher Analysen, Konzepte und Modelle. In ihm konvergieren, teilweise oder weitgehend, die meisten theoretischen und politisch-konzeptionellen Beiträge, die sich an konstruktiven sozialistischen Alternativen zur Marktglobalisierung orientieren. Offen bleibt dabei weitgehend die politische Frage, ob und wie sich die politischen und gesellschaftlichen Akteurskonstellationen organisieren lassen, denen die Realisierung dieses Konzepts gelingt.

5.3 Dritte-Wege Diskurse

Die Ausgangssituation

Der Dritte-Wege Diskurs ist ein Versuch, gleichermaßen auf den Ebenen wissenschaftlicher Analyse und politischer Handlungsprojekte die notwendigen Konsequenzen aus der Globalisierung auch für den binnenstaatlichen Bereich sozialdemokratischer Politik zu ziehen. Unter dem Leitbegriff „Dritter Weg" hat seit der Mitte der neunzehnhundertneunziger Jahre das intellektuelle Umfeld der britischen *Labour Party* unter dem Einfluss renommierter Sozialwissenschaftler die Transformation vom klassischen Sozialismus zur modernen sozialen Demokratie vollzogen. Dieser

Diskurs wurde fast überall in Europa und in anderen Teilen der Welt, speziell in den Ländern Asiens aufgegriffen. Sein spezifisches Gewicht erhielt er aus dem Faktum, dass er in einigen Ländern Europas, in denen sozialdemokratische Parteien zu dieser Zeit an der Macht waren, auch zum Anstoß für eine veränderte Regierungspraxis geworden ist.

Der Begriff „Dritter Weg" hat in der Geschichte des demokratischen Sozialismus in Europa höchst unterschiedlichen politischen Zwecken gedient. In der Zwischenkriegszeit suchten ihn die Austromarxisten zwischen demokratischem Sozialismus und Kommunismus, nach dem Zweiten Weltkrieg sahen ihn die Sozialdemokraten zwischen Kapitalismus und kommunistischer Diktatur, im Prager Frühling erblickten ihn die Reformkommunisten in einer Marktökonomie ohne Privateigentum. Seit dem Beginn der neunziger Jahre orteten ihn zuerst die Berater des amerikanischen Präsidenten *Bill Clinton*, später *Anthony Giddens* und der britische Premierminister *Tony Blair*, in einer neuen, zeitgemäßen Synthese des Liberalismus der siebziger und achtziger Jahre mit den klassischen Konzepten und Zielen der Sozialdemokratie.

Anlass und Ausgangspunkt des Diskurses über den Dritten Weg war die Feststellung des Faktums der *ökonomischen Globalisierung* mit ihren Folgen für Wirtschaft, Sozialstaat und die Handlungsspielräume der Politik. Obgleich das Maß der Unveränderbarkeit der Weltmarktbedingungen umstritten blieb, gingen alle Teilnehmer dieser Debatte von einer historisch neuartigen Herausforderung des Projekts der Sozialen Demokratie durch die offenen Märkte aus, die die wirtschaftspolitische Handlungsfähigkeit der Nationalstaaten in ungekannter Weise einschränkt.

Neue Politische Ökonomie

Die *neue Ökonomie*, die daraus entstehe, sei vor allem durch die Zunahme von hochqualifizierten Arbeitsplätzen in den computerbezogenen Dienstleistungsberufen auf der einen Seite und dem Entstehen geringqualifizierter und geringentlohnter Humandienstleistungen am unteren Ende des Arbeitsmarktes auf der anderen Seite gekennzeichnet. Die alte traditionelle Politik der makroökonomischen Steuerung der Nachfrage verliert ihre Durchschlagkraft und muss weithin durch eine neuartige „linke Angebotspolitik" ersetzt werden. Der Druck auf die Arbeitskosten sowie die Veränderung der Alterspyramide führen zur Notwendigkeit eines *Umbaus des Sozialstaates* in Richtung auf zielgenaue, präventive und aktivierende und damit auch kostengünstigere Lösungen, die vor allem der Re-Qualifizierung für die Arbeitsmärkte dienen. Der an employability (beschäftigungsbefähigende Qualifikation) orientierte, aktivierende soziale Investitionsstaat sei das zentrale Instrument zur Lösung der neuen Probleme.

Die öffentliche Investitionspolitik und der Umbau des Sozialstaates setzen den Hauptakzent auf die moderne Entwicklung von Humankapital durch Verbesserungen im Bildungssystem, in der Weiterqualifizierung und bei der Förderung von Umschulungen, in der Erwartung, dass auf diesem Wege zugleich dem Einzelnen und der Wirtschaft insgesamt in ihrer durch die Weltmärkte veränderten Position am besten gedient sei. An die Stelle von sozialstaatlichen Transferzahlungen tritt daher zunehmend *workfare*, die sozialstaatliche Aufstockung von Niedriglöhnen beschäftigter Personen.

Die neue Rolle der Märkte, die zunehmende Komplexität der Gesellschaften sowie die Verringerung der Handlungsfähigkeit der Nationalstaaten verlangen eine neue Regierungsweise (new governance), bei der der Staat zwar nicht aus der Gesamtverantwortung für die Folgen wirtschaftlichen und gesellschaftlichen Handelns entlassen wird, aber die Formen seines Handelns verändern muss. An die Stelle von hierarchischem Machthandeln und der Regulierung durch zentralistische Steuerung treten zunehmend horizontale staatliche Handlungsweisen wie Moderation, Veranlassen, Unterstützen und Gewährleisten, einschließlich neuer Formen von privat-public Partnerschaften. Insgesamt wird eine neue politische Arbeitsteilung von Staat und Gesellschaft erstrebt, bei der mehr politische Selbstregulation von der Gesellschaft erwartet wird.

Egalitäre Grundwerte

Die politischen *Grundwerte* der Sozialen Demokratie bleiben trotz Dezentralisierung, verstärkter Marktregulierung und neuer Formen gesellschaftlicher Politik der Maßstab einer solchen Politik. Allerdings gewinnt bei der Bestimmung des Grundwerts Gerechtigkeit in diesem Diskurs die *gesellschaftliche Inklusion* und die Betonung der Chancengleichheit einen deutlichen Vorrang gegenüber den traditionellen Vorstellungen von Einkommensgleichheit. Damit verbunden ist die Vorstellung, dass die Teilhabe aller an der gesellschaftlichen Erwerbsarbeit als übergeordnetes Ziel der Reformpolitik des Drittens Weges gelten muss, da sie die Quelle aller anderen Formen der Teilhabe am gesellschaftlichen Leben und zugleich der beste Ausgangspunkt für Fortschritte in der individuellen Erwerbskarriere ist.

Der Umbau des Sozialstaates, die neue Regierungsweise und der Grundwertepragmatismus bedingen, dass sich die öffentliche Diskussion um einen Dritten Weg, vor allem in der von Blair vertretenen Variante, in erheblichem Maße auch als eine *moralisch kulturelle Kampagne* für ein *verändertes Selbstverständnis der Staatsbürgerrolle (New Citizenship)* versteht. Die Bürgerinnen und Bürger sollen eine aktivere Rolle spielen, mit einer größeren Bereitschaft zur Eigenverantwortung und zum Eigenengagement in der Zivilgesellschaft sowie bei der Inanspruchnahme des Sozialstaates und der Orientierung an den Chancen des Arbeitsmarktes. In dieser Hinsicht wird der deutliche Einfluss des Kommunitarismus auf den Dritte-Wege Diskurs spürbar.

Modernes Regieren

Eine besondere Rolle im Diskurs und in der Praxis des Drittens Weges spielte die Überwidmung des prinzipiellen Etatismus der sozialistischen Tradition, die in den sozialdemokratischen Parteien der Zeit nach dem Zweiten Weltkrieg lange Zeit unangefochten blieb. Diese Parteien und ihr intellektuelles Umfeld, mit einer gewissen Ausnahme der französischen, suchten nun nach einer neuen Form der politischen Arbeits- und Verantwortungsteilung zwischen Staat und Gesellschaft. Damit verbunden ist die Modernisierung der Methoden und Wege staatlichen Handelns zur Erreichung politisch gesetzter Ziele. Es geht nicht um Entstaatlichung, um weniger Staat oder um eine flächendeckende Privatisierung ehedem staatlicher Verantwortung. Ziel ist vielmehr, die politischen Aufgaben durch neue, in der modernen Gesellschaft wirkungsvollere Entscheidungs- und Handlungsmethoden zu erfüllen. Die Rolle des Staates dabei und das Repertoire der Instrumente seines Handelns werden differenzierter betrachtet und praktiziert. Der Staat soll, wo immer es möglich ist, vom hierarchischen Alleinentscheider zum Partner gesellschaftlicher oder wirtschaftlicher Akteure werden. Wie insbesondere die Erfahrungen des niederländischen *Poldermodells* gezeigt haben, können politisch gesetzte Ziele wie Beschäftigung, Erhöhung der Erwerbsquote oder Ausweitung der Teilzeitarbeit weniger gut durch staatliche Gesetze und Verordnungen erreicht werden. Die neue Rolle des Staates als Anreger, Moderator, Vermittler, Partner führt häufig rascher und nachhaltiger zu den politisch entschiedenen und gewollten Ergebnissen.

Die Modernisierung des Staates folgt aus zwei Erfahrungen. Zum einen schwindet die Fähigkeit staatlichen Handelns, in den hochgradig komplexen und differenzierten Gegenwartsgesellschaften auf dem Wege hierarchischen, anordnenden Handelns in der gesellschaftlichen Praxis politische Ziele sinn- und wirkungsvoll durchsetzen zu können. Die komplexe, vernetzte Gesellschaft braucht neue Formen der Politik. Zum anderen können künftig mehr als in der Vergangenheit politische Regulierungen zunächst auch innerhalb der Gesellschaft selbst durchgesetzt werden. Projekte der politischen Selbstregulierung und Formen der zivilgesellschaftlichen Selbstkoordination gewinnen um so mehr an Bedeutung je komplexer und unübersichtlicher die modernen Gesellschaften werden.

Neue Mehrheitsstrategien

Ausgangsbefund der Mehrheitsstrategien im Dritte-Wege Diskurs ist die Beobachtung, dass durch den wirtschaftlichen und sozialen Wandel den sozialdemokratischen Parteien ihre ursprüngliche Mitglieds- und Wählerschaft, die traditionelle Arbeiterklasse, unwiederbringlich verloren gegangen ist. Die traditionelle Arbeiterklasse ist infolge des ökonomischen, sozialen und kulturellen Wandels je nach dem Entwicklungsstand der einzelnen europäischen Länder erheblich geschrumpft. Die Wissensökonomie und der kulturelle Wandel führen zu einer nicht gekannten Auffächerung der Gesellschaft in relativ kleine soziale Milieus mit in sich ähnlicher Alltagskultur, ähnlichen Lebenseinstellungen und ähnlichen Grundeinstellungen gegenüber der Politik, aber teils gravierenden Gegensätzen zwischen den jeweiligen Gruppen. Gerade die für das soziale und politische Klima besonders bedeutsamen Milieus der gesellschaftlichen Mitte, wie die neuen Arbeitnehmer (Kultur-, Sozial- und Informationsberufe) und das neue Bürgertum (kleine und mittlere Selbständige in den neuen, auf die Wissensgesellschaft bezogenen Branchen) sind für die Ziele der Sozialdemokratie politisch interessiert und aufgeschlossen, aber parteipolitisch distanziert. Sie gehören daher überwiegend zu den politischen Wechselwählern.

Mehrheitsfähige soziale und politische Bündnisse sind in dieser neuen Situation nur noch unter zwei prekären Bedingungen zu erreichen:

Erstens, mehrere, untereinander keineswegs übereinstimmende, soziale Milieus durch die Identifikation gemeinsamer Interessen und Werte zusammenbringen;

zweitens, durch Formen öffentlicher Kommunikation, die den höchst unterschiedlichen Ansprüchen und Voraussetzungen der angesprochenen Milieus gleichzeitig gerecht werden können, deren Zustimmung und Unterstützung von Fall zu Fall zu mobilisieren.

Kommunikation gewinnt in der modernen Informationsgesellschaft für die Bildung von Mehrheitsbündnissen, für die Wahlerfolge und für die Legitimation politischer Projekte eine Schlüsselrolle. Freilich unterscheiden sich auch die Kommunikationsgewohnheiten und Ansprüche der für sozialdemokratische Mehrheitsbildung entscheidenden Zielgruppen beträchtlich. Insbesondere ist in den politisch interessierten Wechselwählergruppen der *neuen sozialen Mitte* die Neigung zu direkter argumentativer Kommunikation verbreitet, während bei den politisch weniger aktiven Zielgruppen des Kleinbürgertums eher der Hang zur passiven Teilnahme an der medialen Massenkommunikation vorherrscht.

Bei allen Vertretern des Dritten Weges, soweit sie als politische Akteure Spitzenkandidaten und Verantwortliche für die Wahlkämpfe ihrer Parteien sind, hat sich in erheblichem Maße die Übernahme der amerikanischen Form *medialer Politik* eingespielt, so dass sich in der Praxis dieses Ansatzes in ungekanntem Ausmaß ein Stil personenbezogener professioneller *Politikinszenierung* herausgebildet hat, der in den medialen Kommunikationsstrategien von Bill Clinton und Tony Blair seine symbolische Verkörperung gefunden hat.

Vielfalt Dritter Wege

Aus einer Reihe ökonomischer, in unterschiedlichen Traditionen liegender und politischer Gründe bleiben den skizzierten Tendenzen zu einer Konvergenz im neuen sozialdemokratischen Revisionismus deutliche Grenzen gezogen. Die Grundlagen und die Richtung der Revision von Theorie und Praxis der europäischen Sozialdemokratie in der Ära der Globalisierung weist zwar in zentralen Handlungsfeldern die beschriebenen Konvergenzen auf, aber auch markante Differenzen. In der konkreten Ausgestaltung des jeweils praktizierten policy-Mixes zeigen sich jedoch, im beschriebenen Rahmen allgemeiner Konvergenzen, deutlich auch die aus der Analyse der Kontextfaktoren zu erwartenden Divergenzen.[24]

Differenzen und Konvergenzen

Empirische Untersuchungen über das Ausmaß von Divergenz und Konvergenz in der tatsächlichen Regierungspolitik der untersuchten Länder gelangen zu folgenden Schlussfolgerungen:

⇨ in der *Fiskalpolitik* ist ein beträchtliches Maß an Konvergenz festzustellen, mit einer gewissen Ausnahme der Länder Frankreich und Deutschland. In allen übrigen untersuchten Ländern wurden die Staatshaushalte erfolgreich konsolidiert, niedrige Unternehmenssteuern eingeführt, die Besteuerung der Niedrigeinkommen vermindert und, mit Ausnahme von Frankreich, die Verbrauchssteuern erhöht. Im Bereich der Besteuerung stellt Frankreich wiederum eine Ausnahme dar, da dort die Vermögenssteuer und die Steuern auf höhere Einkommen erhöht wurden, letzteres gilt auch für Schweden.

⇨ Im Bereich der *Beschäftigungspolitik* sind ebenfalls weit gehende Übereinstimmungen zu beobachten. In allen Ländern wurde eine aktivierende Beschäftigungspolitik betrieben mit vergleichbaren Maß-

---

[24] Vgl. im Einzelnen Merkel 2000

nahmen in den Bereichen der Weiterbildung und Neuqualifikation, zumeist auf der Basis persönlicher Reintegrationspläne in den Arbeitsmarkt. Überall wurden die Lohnersatzleistungen der Arbeitslosen zeitlich begrenzt und an verschärfte Bedingungen geknüpft, außer in Frankreich. Überall ist ein gewisses Maß an Flexibilisierung der Arbeitsmärkte realisiert worden, wenn auch in unterschiedlicher Form und verschiedenem Ausmaß.

⇨ Ein eher gemischtes Muster von Konvergenz und Divergenz ist im Bereich der *Sozialpolitik* zu beobachten. Während skandinavische Länder wie Dänemark und teilweise auch Schweden an ihrem sozialen Sicherungssystem auf hohem Niveau im Wesentlichen festgehalten haben, wenn auch nicht ganz ohne, teilweise temporäre Einschränkungen, sind in den meisten anderen Ländern zum Teil deutliche Minderungen von Sozialleistungen durchgesetzt worden, etwa im Bereich des Rentensystems (Deutschland, Niederlande), während einige Länder eine Reihe von sozialen Leistungen verbessert haben, etwa Großbritannien im Bereich der Leistungen für Familien mit niedrigem Einkommen und der Grundrenten oder Frankreich im Bereich der Mindestlöhne. Überall ist eine gewisse Zunahme des Anteils der *Steuerfinanzierung* in den sozialen Sicherungssystemen zu beobachten, um die arbeitskostenbezogenen Beiträge zu vermindern. Überall ist im Bereich des *Gesundheitssystems* die Zuzahlung der Patienten entweder eingeführt oder erhöht worden, mit Ausnahme von Frankreich und Großbritannien. In einigen Ländern sind staatliche Anreize für Alterszusatzversicherungen eingeführt worden, aber nicht in allen.

Perspektiven

Die globale Attraktionskraft der politische Semantik des „Dritten Weges" hat die Glanzzeit des britischen Premierministers Tony Blair nicht lange überlebt. Sie hat eine Zeit lang einen Aufmerksamkeitsfokus für einen neuen Revisionismus erzeugt, der die handlungsrelevante Programmatik einer Reihe regierender sozialdemokratischer Parteien für die veränderten Rahmenbedingungen der Globalisierung neu begründen wollte. Dabei sind trotz der markanten Differenzen konvergierende Grundtendenzen vor allem im Bereich der politischen Ökonomie und der politischen Steuerung sichtbar geworden, die die Perspektive einer Annäherung zwischen dem neueren akademischen Forschungsdiskurs zur Theorie und Politik der Sozialen Demokratie und den Handlungsstrategien der modernen sozialdemokratischen Parteien eröffnen. Die Themen und Fragestellungen und vermutlich auch viele der Antworten des Dritte-Wege Diskurses behalten für die Theorieentwicklung innerhalb der demokratischen Linken offensichtlich ihre Bedeutung, auch wenn die Programmüberschrift eines „Dritten Weges" rasch verblasst.

5.4 Theorie der Sozialen Demokratie

Theorieanspruch

Obwohl in der wissenschaftlichen wie politischen Diskussion längst ein viel verwendeter Standardbegriff, wurde ‚Soziale Demokratie' zumeist recht vage und meist assoziativ verwendet, als ein Begriff, in dem sich zwar unterschiedliche Diskursstränge bündeln, Forschungsfelder überschneiden und politische Ansprüche formulieren, dessen theoretische Fundierung und systematische Reflexion aber weitgehend ausstand.

Aus den bisher disparaten Theorieelementen und Themenfeldern lässt sich jedoch eine integrierte, kohärente und vor allem normativ und empirisch fundierte Theorie der Sozialen Demokratie begründen. Sie leitet aus dem normativen Geltungsanspruch der Grundrechte, in einem direkten Bezug zur Empirie und somit zur Praxis demokratischen Handelns, politische Handlungsverpflichtungen und -strategien ab, um die universellen Rechte gegen alle strukturellen Risiken des modernen Kapitalismus ausreichend zu sichern. Die dafür am besten geeigneten politischen Handlungsstrategien lassen sich mit wissenschaftlichem Anspruch am besten aus dem Vergleich verschiedener Gesellschaften und ihrer Handlungserfolge im Hinblick auf die Sicherung der Gesamtheit der Grundrechte gewinnen.

Die Theorie der Sozialen Demokratie wird auf diese Weise zu einer zwar von den Fragestellungen und Traditionen des demokratischen Sozialismus inspirierten, aber in die Diskurse der modernen Demokratietheorie eingebetteten Theorie. Es geht ihr um die empirisch fundierte Beantwortung von vier demokratietheoretischen Leitfragen

Erstens: Wie legitimiert sich moderne Demokratie?

Zweitens: Welche Rolle spielten universelle Grundrechte und die von ihnen geforderte soziale Inklusion für diese Legitimation?

Drittens: Auf welche politischen, gesellschaftlichen und sozialökonomischen Strukturen stützt sich eine Politik der sozialen Inklusion?

Viertens: Welche Bedeutung hat sie für die Stabilität und Effektivität einer Gesellschaft und folglich für moderne Demokratien?

Mit diesem Programm verbindet die Theorie der Sozialen Demokratie den sozialistischen Impuls der materiell gewährleisteten gleichen Freiheit mit dem Anspruch einer wissenschaftlichen Demokratietheorie.

Universelle Grundrechte

Soziale Demokratie basiert auf den universellen Rechten liberaler Demokratie als der politischen Legitimationslehre der Moderne. Jede Demokratie, also auch die soziale, kennzeichnet sich dem entsprechend durch gleiche universelle politische Menschen- und Bürgerrechte, Rechtsstaatlichkeit, die verfassungsmäßige Bindung politischer Macht und durch die im Mehrheitsprinzip organisierte Volkssouveränität. Schon in seiner klassischen theoretischen Formulierung beruhte der politische Liberalismus auf unveräußerlichen Grundrechten, aus denen die Forderung nach Gleichheit der Menschenwürde aller Personen und ihrer Rechte bei allen Entscheidungen abgeleitet wurden.

Der Liberalismus betrachtet neben dem Verfassungsstaat vor allem Eigentumsfreiheit und den selbstregulierenden Markt als Garanten dieser Grundrechte. Ausgangspunkt für Theorie und Praxis der Sozialen Demokratie ist die Kritik an den daraus resultierenden Widersprüchen zwischen Grundrechten und Wirklichkeit. Soziale Demokratie wird als das soziale Projekt ihrer praktischen Überwindung verstanden. Der Gegensatz zur libertären Demokratie kommt in zwei grundlegenden Forderungen der Sozialen Demokratie zum Ausdruck: Erstens, die Überwindung des negativen Freiheitsbegriffs zugunsten eines universalistischen Freiheitsbegriffs, der die Gleichrangigkeit von positiver, materiell ermöglichender und negativer Freiheit verlangt. Zweitens, die Überwindung der Identifikation von Freiheit und Eigentum zugunsten eines universalistischen Freiheitsbegriffs, der die Freiheiten aller Betroffenen als prinzipiell gleichrangig gegeneinander abwägt. In diesem Sinne entspricht die moderne Theorie der Sozialen Demokratie den Grundimpulsen der klassischen Theorien des Sozialismus. Sie führt, um ihm unter den Bedingungen moderner Gesellschaften in einer globalisierten Welt zu entsprechen, unterschiedlich, aber gemeinsam auf dieses Ziel bezogene sozialwissenschaftliche Theorien zusammen. In dieser Form hat sie Einfluss auf die Programmatik der linken Volksparteien gewonnen, die sich dem modernen Demokratischen Sozialismus bzw. der Sozialen Demokratie verpflichten.

Soziale Bürgerschaft

Aus der Perspektive der Theorie der Sozialen Demokratie bündeln sich unter den Herausforderungen moderner Gesellschaften und Ökonomien besonders im Bürgerstatus, „Citizenship", die Widersprüche zwischen der Formalgeltung und der Realisierung der gleichen Grundrechte. Diese Widersprüche gilt es aus Gründen der demokratischen Legitimation in einem Konzept des sozialen Bürgerstatus aufzulösen. *Thomas H. Marshall* hat 1947 die verschiedenen Dimensionen des Bürgerstatus systematisch erläutert und beschrieben, wie sich die Menschen- und Bürgerrechte in einem historischen Prozess seit dem 18. Jahrhundert kontinuierlich entfaltet haben. Das Ziel des Prozesses liegt in der Herbeiführung gesellschaftlicher Verhältnisse, in denen sich Formalgeltung und Realwirkung der Grundrechte zunehmend decken, so dass alle Menschen über die sozialen Voraussetzungen verfügen, um ihre Grundrechte in ihrer Lebenspraxis realisieren zu können. Die Unterfütterung der liberalen Grundrechte mit neuen positiven Freiheitsrechten – sozialen und wirtschaftlichen Grundrechten – ist folglich die Bedingung für die Realisierung ihrer wirklichen Geltung für alle.

Soziale Bürgerschaft als Rechtsstatus ist demnach zwingender Bestandteil Sozialer Demokratie, denn nur wenn der soziale Anspruch auf die Mittel zur Realwirkung aller Grundrechte seinerseits den Status von Grundrechten gewinnt, sind die Bürger zugleich Adressaten und Autoren dieser Rechte und können sie aus einer Position der Selbstachtung heraus wahrnehmen und durchsetzen. Dieses Motiv ist für die Theorie der Sozialen Demokratie von ausschlaggebender Bedeutung. Es definiert nicht nur zentrale Voraussetzungen für die politische Verfassung der Sozialen Demokratie, sondern gleichermaßen auch für die ihr entsprechenden Formen des Sozialstaates und die Handlungsstrategien der politischen Ökonomie.

Liberale und soziale Grundrechte

Sowohl der materielle Rechtsstaat als auch die sozialen Bürgerrechte bilden das Bindeglied zwischen den liberalen bürgerlichen und politischen sowie den historisch jüngeren sozialen und wirtschaftlichen Grundrechten. Die Gleichstellung von politischen und sozialen Grundrechtsdimensionen wurde 1966 in den UN-Menschenrechtspakten völkerrechtlich verbindlich vollzogen. Die Vereinten Nationen beschlossen zwei gleichrangige Entwürfe internationaler Konventionen, und zwar den Internationalen Pakt über bürgerliche und politische Rechte (Zivilpakt) und den Internationalen Pakt über wirtschaftliche, soziale und kulturelle Rechte (Sozialpakt). Beide traten, nachdem sie von 35 Staaten ratifiziert worden waren, im Jahr 1976 in Kraft. Der Sozialpakt beruht auf einem weit ausdifferenzierten materiellen Freiheitsverständnis. Er beschreibt in konkreter, umfassender und detaillierter Form die sozialen und wirtschaftlichen Bedingungen, die jede gesellschaftliche Verfassung auf der Welt erfüllen muss, um die universellen Menschen- und Bürgerrechte zu gewährleisten. Diese Rechte stellen in ihrer Gesamtheit eine breite Verpflichtungsbasis für eine Politik der Sozialen Demokratie dar. Als übergeordnetes Leitbild, dem die einzelnen Normen zugeordnet werden, gilt das „Ideal des freien Menschen, der von Furcht und Not befreit ist".

Für die Theorie der Sozialen Demokratie sind die UN-Menschenrechtspakte aufgrund ihres universellen Geltungsanspruchs die wichtigste normative Basis, auf die sie sich in der Praxis in allen wesentlichen Fragen stützen und von der aus sie die Grundrechte überall auf der Welt konsequent verwirklichen kann.

Soziale Risken und Grundrechte

In der Theorie der Sozialen Demokratie werden daher die verschiedenen sozio-strukturellen Risiken, alte und neue, die zur Behinderung der Wahrnehmung der Grundrechte führen, systematisch identifiziert, analysiert und unterschieden. Aus dieser Analyse und Identifikation heraus wird sodann die politische Verpflichtung des demokratischen Staates hergeleitet, eine angemessene strukturelle Sicherung gegen alle gesellschaftlichen und sozialen Risiken zu schaffen, die aus gesellschaftlichen Verhältnissen folgen, die ihre Einrichtung oder ihren Fortbestand kollektiven Entscheidungen verdanken und die Realisierung der individuellen Grundrechte bedrohen. Soziale Demokratie definiert sich durch einen Rechtsanspruch aller Bürgerinnen und Bürger auf die sozialen Mittel zur Realisierung ihrer Grundrechte, gerade auch im Falle des Eintretens von sozio-strukturellen Risiken des modernen Kapitalismus.

Selbstverantwortung

In der Theorie Sozialen Demokratie werden die Menschen- und Bürgerrechte aber auch in Beziehung zu Selbstverantwortung und Bürgerpflichten gesetzt. Es wird argumentiert, dass es notwendig ist, die Grundrechte durch Grundpflichten in umso deutlicherer Weise zu ergänzen je höher entwickelt das System der sozialen Grundrechte schon ist. In einem ausgebauten Sozialstaat kann die Gewährung von Rechten durchaus an den Nachweis der Erfüllung von Pflichten gebunden werden. Eine Theorie der Sozialen Demokratie, die sich beim gegenwärtigen Stand der Erfahrung und ihrer theoretischen Erklärung weiterhin allein auf Rechtsansprüche und nicht zugleich auch auf die reziproken Pflichtnormen stützen würde, wäre weder ausreichend legitimiert noch praxisrelevant.

Dimensionen der Theorie

Soziale Demokratie reicht weit über das Konzept Sozialstaat hinaus und bezieht alle gesellschaftlichen Teilsysteme und deren Wechselbeziehungen in den Begründungszusammenhang mit ein. Reichweite und Perspektive der Einbeziehung gesellschaftlicher Teilbereiche in die Theorie der Sozialen Demokratie ergeben sich aus ihrer Rolle für die Realwirkung der universellen Grundrechte und den Beitrag, den sie jeweils für sich und in ihrer Beziehung zu anderen Teilbereichen dazu leisten. Es sind:

Das politische System/Das System der Grundrechte/Das System der politischen Öffentlichkeit/Die Zivilgesellschaft/Die Teilsysteme gesellschaftlicher Demokratisierung/Der Sozialstaat/Das Bildungssystem/ Die Wirtschaftsverfassung/Die ökonomische Regulation/Das System der Unternehmensverfassung/Die transnationale Koordination/Die politische Kultur

Theorie der Gerechtigkeit

Es ist eine Voraussetzung nachhaltiger demokratischer Integration, dass alle Bürger die Verteilung der gesellschaftlichen Leistungen und Lebenschancen in ihrer Gesellschaft als gerecht empfinden können. Gerechtigkeit erfüllt mehrere Schlüsselfunktionen: Die regulative Funktion, als Bezugsnorm für legitime politische Prozesse und Projekte. Die integrierende Funktion für den sozialen und politischen Zusammenhalt moderner Gesellschaften. Die orientierende Funktion, als Kriterium, Maßstab und Rahmen für soziales und politisches Handeln. Und die legitimierende Funktion, als Legitimation des politischen Systems im Bewusstsein der Bürgerinnen und Bürger. Eine soziale Demokratie setzt voraus, dass eine Idee sozialer Gerechtigkeit als politische Gemeinschaftsorientierung anerkannt wird.

In der Theorie der Sozialen Demokratie werden die unterschiedlichen Positionen der aktuellen Gerechtigkeitstheorien analysiert, diskutiert und gegeneinander abgewogen und aus diesem Abwägungsprozess sedimentieren sich folgende, für die Soziale Demokratie konstitutive Inhalte von Gerechtigkeit.

Erstens: Gerechtigkeit ist gleiche Freiheit.

Zweitens: Ungleichheiten bei Einkommen und Vermögen sind begründungspflichtig.

Drittens: Ungleichheiten sind nur dann legitim, wenn sie im Hinblick auf die Rechte anderer begründet werden können[25].

Viertens: Gerechtigkeit bedeutet gleiche Lebenschancen. Nicht nur zu Beginn des Lebens, sondern während der ganzen Lebenszeit sollen die positiven Freiheitschancen annähernd gleich verteilt sein.

Fünftens: Gerechtigkeit bezieht sich auch auf individuelle und kollektive Teilhabechancen an den Entscheidungen in Staat, Wirtschaft und Gesellschaft.

Sechstens: Gerechtigkeit ist reflexiv. Sie bezieht sich vor allem auch auf das Verfahren, in dem ihre Kriterien und die Bedingungen ihrer Anwendung in konkreter Lage jeweils bestimmt werden.

Siebtens: Gerechtigkeit ist doppelt bestimmt: Zum einen durch einen Satz von Kriterien und zum anderen durch das Verfahren, in dem diese von den Betroffenen gemeinsam bestimmt und ausgelegt werden.

Entscheidend ist, dass in der Sozialen Demokratie Gerechtigkeitsnormen in der Öffentlichkeit überzeugend ermittelt und vermittelt werden müssen. Eine der Voraussetzungen dafür ist eine politische Kultur, in der es ein Mindestmaß geteilter politischer Grundwerte gibt, auf die sich der öffentliche Diskurs beziehen kann.

Politische Steuerung

Die Verfassungsform der repräsentativen rechtsstaatlichen Demokratie ist der Sozialen Demokratie allein angemessen, denn sie ist in ihren Staatszielen, Institutionen und Organisationsformen gänzlich darauf angelegt, den universellen Menschen- und Bürgerrechten Geltung zu verschaffen, auf deren Formalgeltung und Realwirkung alle Bestrebungen der Sozialen Demokratie gerichtet sind. Infolge ihrer grundlegenden Legitimationsnorm der gleichen Realwirkung der universellen Menschen- und Bürgerrechte ergibt sich aus den Prämissen der Theorie Sozialer Demokratie eine eindeutige Festlegung auf den demokratischen Rechtsstaat in den Organisationsformen einer komplexen, pluralistischen und partizipativen Demokratie.

Durch den demokratischen Rechtsstaat reguliert sich die Gesellschaft selbst. Aber die Zivilgesellschaft und die Öffentlichkeit entscheiden mit darüber, in welchen gesellschaftlichen Bereichen regulativ eingegriffen wird. Und beide entfalten selbst auch informelle regulative Wirkungen.

---

[25] Beispielsweise formuliert John Rawls „Soziale und ökonomische Ungleichheiten (...) müssen (...) sich zum größtmöglichen Vorteil für die am wenigsten begünstigten Gesellschaftsmitglieder auswirken" (Rawls 1998: 69f.)

Moderne Gesellschaften verfügen hierfür über drei Modi der politischen Selbstregulation: Staat, Markt und Zivilgesellschaft. Diese können in unterschiedlichen Formen miteinander kombiniert werden. Die Entscheidung der Frage, welcher dieser drei Steuerungsmodi für die Erreichung welches der politisch gesetzten Ziele ausschließlich oder überwiegend Anwendung finden soll, ist eine pragmatische politische Frage, die in letzter Instanz nur als eine demokratische Bürgerentscheidung gesamtgesellschaftlich legitimiert werden kann.

Als empirisch gesichert muss beim gegenwärtigen Stand der Forschung gelten, dass alle drei Steuerungsmodi hinreichend deutlich erkannte Funktionsvorzüge, -grenzen, -schwächen und einen erheblichen spezifischen Bedarf der Komplementarisierung durch die jeweils anderen aufweisen. Der spezifische Komplementarisierungsbedarf in der Sozialen Demokratie ergibt sich aus den theoretisch gesicherten Erkenntnissen über das Funktionsversagen von Zivilgesellschaft, Markt und Staat im Hinblick auf bestimmte legitime politische Handlungsziele, den Schwerpunkten ihrer Funktionsvorzüge und den Möglichkeiten ihrer Kombinierbarkeit.

Politische Ökonomie

Der politischen Ökonomie kommt für die Soziale Demokratie eine Schlüsselrolle zu. Zum einen muss die politische Ökonomie als Zusammenspiel des politischen Systems, des Wirtschafts- und Sozialsystems ökonomisch so effizient sein, dass die notwendigen materiellen Voraussetzungen für soziale Sicherungssysteme oder öffentliche Güter erfüllt werden, zum anderen gelten die Normen der universellen Menschen- und Bürgerrechte in allen Sphären der politischen Ökonomie und dürfen nicht mit Blick auf Wachstum und Produktivität außer Kraft gesetzt werden. Grundlegend für die politische Ökonomie der Sozialen Demokratie ist daher die konsequente Unterscheidung von Zielen und Mitteln der Volkswirtschaft. Moderne Marktwirtschaften und Gesellschaften basieren auf einem komplexen Beziehungsgeflecht aus Institutionen, Akteuren, Handlungsprogrammen und der jeweils spezifischen Einbindung des Staates. Die Komposition des dadurch entstehenden mehrdimensionalen Institutionen-Mixes muss sich allein aus seiner Angemessenheit an die universellen Grundrechte rechtfertigen. Die aus den liberalen Widersprüchen resultierenden Grundrechtsverletzungen bewirken in rechtsstaatlichen Demokratien politische Handlungspflichten zu ihrer Verhinderung oder Begrenzung.

Die vergleichende Länder-Analyse eröffnet einen Horizont praktizierter Möglichkeiten der politischen Ökonomie Sozialer Demokratie unter unterschiedlichen kulturellen, politischen und akteursbezogenen Voraussetzungen. Diese kann daher nicht in der Form eines Modells beschrieben werden, sondern nur als ein weit geöffneter Variationsraum unterschiedlicher Institutionen und Handlungsstrategien. Die unterschiedlichen Institutionengefüge wie auch die Optimierungsprozesse ihrer Gewichtung stehen unvermeidlich unter dem Einfluss mehrerer Spannungsfelder. Sie sind bestimmt durch Trade offs zwischen Produktivität und Wachstum auf der einen Seite, sozialer Gerechtigkeit und Sicherheit auf der anderen, Flexibilität und Innovation auf der einen Seite, den Schutz abhängiger Beschäftigung und umfassender sozialer Sicherung auf der anderen, einem ausreichenden Maß von Eigentums- und Vertragsfreiheit auf der einen Seite und sozialer Einbindung und Regulation auf der anderen, sowie autonomen Unternehmensfunktionen auf der einen Seite und sozialer Autonomie und politischer Rahmensetzung auf der anderen Seite.

Wichtiger Ausgangspunkt für die Theorie der Sozialen Demokratie ist die Tatsache, dass Privateigentum an Produktionsmitteln die Grundrechte Dritter unter bestimmten Bedingungen verletzen kann. Beispielsweise kann Privateigentum an Wirtschaftsgütern die Eigentumsbildung der Eigentumslosen behindern. Es kann durch Marktkonzentration und daraus folgender Wettbewerbsbeschränkung zu überhöhten Preisen und einer Einschränkung der Konsumentensouveränität führen. Es kann durch eine ungleiche Mobilisierung von Ressourcen im Kommunikationsprozess zu einer Verletzung der politischen Gleichheit führen. Und Privateigentum an Wirtschaftsgütern kann schließlich auf dem Wege von Sanktionsdrohungen gegenüber politischen Autoritäten zum Aussetzen demokratischer Handlungsprogramme führen. Daher müssen die Eigentumsrechte an Produktionsmitteln sozial begrenzt werden, wenn deren Ausübung die Menschenrechte Dritter berührt.

Erfahrung und Forschung haben erwiesen, dass selbstregulierende Märkte nicht nur Grundrechte verletzten, sondern auch in ihrer wirtschaftlichen Leistungsfähigkeit hochgradig problembehaftet sind und selbstdestruktive Dynamiken entfalten. Das ist in den Systembedingungen ihrer eigenen Funktionslogik begründet, die politische Regulation von Marktwirtschaften auch zu einer Voraussetzung ihrer ökonomischen Funktionstauglichkeit machen. Der Markt ist eine gesellschaftliche Institution, deren Grenzen, Ziele und Funktionsweise im Hinblick auf die bürgerlichen, politischen, ökonomischen und sozialen Grundrechte bestimmt sind. Märkte können wegen ihrer immanenten Defizite und Risiken folglich nicht als ökonomisch-institutionelle Äquivalente der rechtsstaatlichen Demokratie interpretiert werden. Innerhalb des politisch gesetzten Rahmens von Vorgaben, Kontrollen und Steuerungsleistungen können Märkte jedoch, indem sie ihrer eigenen Funktionslogik der Allokationsentscheidung über Preisbildung folgen, eine gesamtgesellschaftlich optimale, anderen ökonomischen Koordinierungsformen überlegene Wohlfahrtsproduktion in den ihnen überwiesenen Handlungsdomänen gewährleisten.

Varianten des Kapitalismus

Die empirische Theorie der Sozialen Demokratie bezieht ihre normativen Ansprüche notwendig auf die institutionellen Zusammenhänge, die sich in der vergleichenden Forschung zur Typenbildung politischer Ökonomie ermitteln und begründen lassen. Die Marktwirtschaften der westlichen Industrie- und Dienstleistungsökonomien unterscheiden sich in ihren institutionellen Arrangements in hohem Maße voneinander. Sie sind in verschiedenartige Produktions- und Sozialstaatsregime eingebettet und können auf unterschiedlichen Wegen teils zu ähnlichen, teils aber auch zu sehr divergenten Ergebnissen gelangen. In der wirklichen Welt der markwirtschaftlichen Organisationsformen und der Formen von Politik-Markt-Symbiosen besteht eine beträchtliche Bandbreite funktionstüchtiger Organisationsmöglichkeiten.

Soskice/Hall zufolge unterscheiden sich Politische Ökonomien vor allem dadurch, wie Unternehmen innerhalb einer Marktwirtschaft ihre Koordinierungsprobleme lösen. Ob Unternehmen eher Formen marktförmiger oder strategischer Koordinierung vertrauen, hängt wesentlich vom spezifischen, politisch vermittelten Institutionengefüge der jeweiligen nationalen Marktwirtschaften ab. Die relevanten Institutionen der Koordinierung wie auch die jeweiligen Organisationsmuster der Gewerkschaften und Arbeitgeberverbände wiederum lassen sich aus den spezifischen Prozessen der politischen und wirtschaftlichen Koordinierung erklären. Die Typologie von Soskice/Hall basiert auf der Beobachtung, dass unterschiedliche Typen von Unternehmensbeziehungen systematisch in den Ländern variieren bzw. bestimmte Arten der Unternehmenskoordinierung Marktwirtschaften unterschiedlich dominieren.

Vergleicht man die institutionellen Interaktionsmuster in verschiedenen Sphären der politischen Ökonomie systematisch, so lassen sich für unkoordinierte Marktwirtschaften, die man in den USA, Großbritannien, Australien, Neuseeland, Kanada und Irland vorfindet, folgende allgemeine Eigenschaften identifizieren:

Im Bereich der Corporate Governance erfolgt in diesen Ländern die Unternehmensfinanzierung maßgeblich über den Kapitalmarkt, der die häufige Ausschüttung kurzfristig anfallender Gewinne an Aktionäre belohnt und in diesem Sinne schlechtes Management mit Konkurs oder einer feindlichen Übernahme bestraft. Die Aktionäre haben das ausschließliche Interesse an möglichst hohen Dividenden. Dieses Interesse bestimmt die Unternehmensstrategie. Die Firmen sind in unkoordinierten Marktwirtschaften untereinander nur gering verflochten. Weder Banken noch andere Firmen haben Sitze in Aufsichtsräten anderer Unternehmen.

Im Koordinierungsbereich der Unternehmen untereinander kennzeichnen sich unkoordinierten Marktwirtschaften dadurch, dass es kaum überbetriebliche Organisation gibt (bei der Forschung, dem Technologietransfer oder der Standardisierung) und Verbände eher Lobbyorganisationen als Institutionen der Selbststeuerung sind.

Im Bereich der industriellen Beziehungen werden Löhne und Arbeitsbedingungen dezentral auf betrieblicher Ebene ausgehandelt. Die Gewerkschaften sind schwach. Die Arbeitsbeziehungen sind häufig durch kurzfristige Beschäftigungsverhältnisse gekennzeichnet. Ein derart flexibler Arbeitsmark wird in Ländern mit unkoordinierten Marktwirtschaften im Bereich der beruflichen Aus- und Fortbildung durch ein System unterstützt, das allgemeine Qualifikationen vermittelt, die über Firmen hinweg transferiert werden können.

Der Staat hält sich bei der Regulierung von Marktmechanismen und bei der sozialen Kompensation von Marktergebnissen zurück. Er greift nur dann ein, wenn er durch Monopolbildung die Marktlogik außer Kraft gesetzt sieht, doch gleichzeitig verhindert eine restriktive Gesetzgebung die Bildung kartellartiger Selbsthilfe- und korporatistischer Regulierungsstrukturen.

Unkoordinierte Marktwirtschaften kennzeichnen sich durch ein Produktionsmodell, das eher auf Massenproduktion und einem niedrigen Ausbildungs- und Lohnniveau beruht. Dieses Modell kann sich flexibel und schnell an Marktveränderungen anpassen und bringt am ehesten radikale Innovationen hervor.

Koordinierte Marktwirtschaften hingegen, die man in Deutschland, Japan, Schweiz, Niederlande, Belgien, Schweden, Norwegen, Dänemark, Finnland und Österreich antrifft, besitzen in diesen Koordinierungsdimensionen folgende Eigenschaften:

Wirtschaftsbeziehungen werden zu einem großen Teil durch nicht marktförmige Organisationsstrukturen und unterschiedliche Formen der Kooperation und Interaktion zwischen Firmen koordiniert. Im Bereich der Corporate Governance geschieht die Finanzierung durch Bankkredite und langfristige Investitionen sind somit möglich. Die Arbeit des Managements wird weniger durch den Markt bewertet und kontrolliert als durch Netzwerke, in denen neben Banken auch Unternehmen, Arbeitnehmer und staatliche Akteure vertreten sind. Stärker als die Interessen der Aktionäre zählen die Interessen einer Vielzahl gesellschaftlicher Sektoren.

Im Bereich der industriellen Beziehungen werden die Löhne über einzelne Firmen hinweg sektoral koordiniert. Sektorale Koordinierung durch die Spitzenverbände der Arbeitnehmer und Arbeitgeber garantiert auch im

Bereich der Ausbildung firmen- und branchenspezifische Qualifikationen. Diese spezielle Berufsqualifikation wiederum fördert eher langfristige Beschäftigungsverhältnisse. Der Staat ist in Ländern mit koordinierten Marktwirtschaften auf vielfältige Weise über Sozialsystem und korporatistische Steuerung in die Marktmechanismen eingebunden. Die Produktionssysteme koordinierter Marktwirtschaften erweisen sich als vorteilhaft bei der Durchführung von „diversifizierten Qualitätsproduktions-Strategien" und als hinderlich für kurzfristig orientierte Produktmarktstrategien. Darüber hinaus scheinen koordinierte Wirtschaftsordnungen komparative Vorteile bei der Hervorbringung von inkrementellen Innovationen, hingegen Nachteile bei Grundlageninnovationen aufzuweisen.

In dem qualitativen Typen-Vergleich politischer Ökonomien im Sinne der Sozialen Demokratie weisen unkoordinierte Marktwirtschaften in vierfacher Hinsicht ein grundsätzliches Defizit auf: Erstens vergrößern die auf kurzfristigen Profit ausgerichteten Unternehmensstrategien soziale und ökologische Probleme dadurch, dass sie die langfristigen Folgen aus unternehmensstrategischen Überlegungen weitgehend ausschließen. Zweitens werden durch die Form der Corporate Governance, die allein auf die unkontrollierte Verfügungsmacht des Managements ausgerichtet ist, verschiedene gesellschaftliche Gruppen, allen voran die Arbeitnehmer, aus wichtigen ökonomischen Entscheidungsprozessen ausgeschlossen. Drittens ist die Ausrichtung unkoordinierter Marktwirtschaften auf einen sehr flexiblen und unregulierten Arbeitsmarkt mit nur sehr allgemein ausgebildeten Arbeitnehmern – im Gegensatz zu den Facharbeitern in koordinierten Marktwirtschaften – problematisch, da sie die Abhängigkeit der Arbeitnehmer in vermeidbarem Maße verschärft. Viertens korrespondiert die Schwäche der Gewerkschaften und das Fehlen zentralisierter Lohnverhandlungen in unkoordinierten Marktwirtschaften mit dieser Struktur der Arbeitsbeziehungen und verstärkt die in ihr angelegte Tendenz.

Die zunehmende globale Integration der Kapital- und Produktmärkte der letzten Jahrzehnte hat den Anpassungsdruck aller Marktwirtschaften, der koordinierten und unkoordinierten, zwar massiv erhöht, die beiden Kapitalismustypen haben sich dadurch jedoch nicht angeglichen. Die Forschung belegt zudem, dass sich auch unter Bedingungen offener Märkte politische Ökonomien vom Typ der koordinierten Marktwirtschaft in Kombination mit einem grundrechtsgestützten Sozialstaat erfolgreich behaupten können, soweit sie ihre Strukturen den veränderten Gegebenheiten anpassen. Die Einbettung und Regulierung der Märkte ebenso wie der universalistische Sozialstaat bleiben auch unter den Bedingungen der Globalisierung ein aussichtsreiches Projekt Sozialer Demokratie. Die vergleichende Sozialstaatsforschung enthält entscheidende Hinweise dafür, mittels welcher struktureller Bedingungen Sozialstaaten nachhaltig erfolgreich reguliert und gleichzeitig einen produktiven Beitrag zur ökonomischen Dynamik leisten können.

Grundrechtsgestützter Sozialstaat

Der Sozialstaat gehört zu den zentralen politischen Handlungsstrategien, mit denen die dazu verpflichteten institutionellen Akteure auf die soziostrukturellen Risiken reagieren, um die Sicherung der Grundrechte der Bürger zu gewähren. Der grundrechtsgestützte Sozialstaat muss im Konzept der Sozialen Demokratie folgende gesellschaftliche Funktionen erfüllen:

Erstens sorgt der Sozialstaat für soziale Gerechtigkeit, denn er gewährleistet durch Risikovorsorge und -kompensation die Realisierung der Grundrechte und eine gerechte Verteilung von Lebenschancen. In diesem Sinne ist er als die Hauptantwort, die die soziale Demokratie auf die sozialen Risiken moderner Gesellschaften gibt, durch seinen normativen Beitrag zur Erfüllung des politischen Grundwerts der Gerechtigkeit definiert.

Zweitens leistet er einen Beitrag zur ökonomischen Effektivität und zum Wirtschaftswachstum, denn er verbessert die Bereitschaft der Bürger, sich auf den gesellschaftlichen und wirtschaftlichen Wandel aktiv einzulassen.

Drittens trägt er entscheidend zum sozialen Zusammenhalt und zur politischen Stabilität bei.

Viertens soll er durch Bildung und Ausbildung sowie die Verstetigung der Nachfrage zu Produktivität und Wachstum der Volkswirtschaft beitragen.

Wie sehr sich aber Sozialstaaten in ihrer Konzeption und Struktur unterscheiden, hat *Gøsta Esping-Andersen* herausgearbeitet. Die Analyse des Sozialsystems der Sozialen Demokratie baut wesentlich auf seiner Typologie auf. Er unterscheidet zwischen drei Wohlfahrtsregimen:

Gøsta Esping-Andersen: Drei Welten des Wohlfahrtskapitalismus
- ⇨ liberale, residuale, bedarfsorientierte, nur begrenzt Unterstützung gewährende,
- ⇨ konservative, beschäftigungsbezogene und statusorientierte und
- ⇨ sozialdemokratische, auf den sozialen Bürgerstatus beruhende, universalistische und generöse „Wohlfahrtsstaatsregime".

Die realen Sozialstaatsmodelle unterscheiden sich neben einer Fülle anderer konstitutiver Kriterien vor allem darin, wie sie die Grundlagen der Anspruchsberechtigung der Bürgerinnen und Bürger für die von ihnen angebotenen Leistungen institutionalisieren. Sie können die legitimen Ansprüche auf Bürgerrechte, Bedürftigkeit oder Beiträge stützen.

Der liberale Sozialstaat hat die sozialen Bürgerrechte nicht institutionalisiert und kennt lediglich verschiedene Varianten der Armenhilfe ohne Rechtsanspruch. Die anderen beiden Varianten haben soziale Bürgerrechte in unterschiedlichen Formen institutionalisiert. Daraus folgt, dass der liberale Sozialstaat die Verpflichtungen aus den sozialen und ökonomischen Grundrechten nicht erfüllt. Das konservative und das sozialdemokratische Sozialstaatsregime sind, wenn auch auf unterschiedlichen Wegen, in der Lage, die prinzipiellen Ansprüche, die aus den sozialen und ökonomischen Grundrechten folgen, zu realisieren. Aber das erreichte Maß an sozialer und ökonomischer Gleichheit variiert.

Der Sozialstaat der Sozialen Demokratie ist daher in den Grenzen der Grundrechte für Modellvarianzen offen. Die beiden wichtigsten Kriterien für die Konzeption der Sozialen Demokratie sind:

Erstens: der Sozialstaat muss einklagbare soziale und ökonomische Grundrechte, die die soziale Inklusion aller Personen sichern, als Bürgerrechte gewährleisten.

Zweitens: Die Empfänger sozialer Leistungen müssen durch ausreichende Partizipationsrechte in die Entscheidungsstrukturen eingebunden sein.

Die beiden Schlüsselbereiche für die Sicherung sozialer Inklusion, aus denen die Handlungsfähigkeit und die soziale Inklusion in den meisten anderen Bereichen folgt, sind das Recht auf Erwerbsarbeit und die Garantie gleicher, von der sozialen Herkunft unabhängiger Bildungschancen.

Progressive Globalisierung

Angesichts der Dominanz der bloßen Marktglobalisierung zielt Sozialen Demokratie auf die Herstellung demokratischer Handlungsbedingungen in der globalen Arena. Sie ist die Voraussetzung für die die soziale Einbettung der weltweiten Märkte. Eine offene Methode der globalen politischen Koordination, die gleichzeitig normativ begründet, institutionell angemessen und in erwartbaren Akteurskonstellationen realisierbar erscheint, stützt sich auf die folgenden strategischen Elemente sowie deren interne Demokratisierung und wechselseitige funktionsbezogene Interaktion:

Erstens: Das Konzept einer auf Rechten und Pflichten basierenden Weltbürgerschaft, das die einzelnen Bürger berechtigt, bezogen auf die globalen politischen Problemlagen an den für sie relevanten politischen Entscheidungen aktiv teilzunehmen.

Zweitens: Die Demokratisierung, Ergänzung, Ausweitung und Intensivierung der bestehenden transnationalen und supranationalen politischen Institutionen und Organisationen, insbesondere der Vereinten Nationen und ihren Unterorganisationen. Besonders vielversprechend erscheint in dieser Hinsicht die Einrichtung einer Völkerkammer und eines wirtschaftlichen Weltsicherheitsrates, ausgestattet mit Befugnissen der Kontrolle, der Rahmensetzung und, unter bestimmten Bedingungen, auch der Intervention in die wirtschaftlichen Prozesse.

Drittens: Die Vermehrung, Ausweitung, Intensivierung und interne Demokratisierung der regionalen Systeme politischer Kooperation wie der Europäischen Union, Asean, Saarc, Merkosur, Nafta u.a., sowie deren Interaktion. Sie sind Bausteine globaler Demokratisierung.

Viertens: Die Vermehrung und Demokratisierung der funktionalen Regulationen in den wichtigsten Teilbereichen von Weltökonomie und Weltgesellschaft (Handel, Arbeit, Umwelt, Gesundheit, Sicherheit) durch die Ausbildung transnationaler Regime, wie sie im Kyoto-Protokoll, in den Vereinbarungen der Weltarbeitsorganisation ILO und der Welthandelsorganisation WTO begonnen worden sind. Diese funktionalen Regime verlangen eine verbesserte Inklusion der von ihren Regelungen betroffenen Länder in die Entscheidungsfindung.

Fünftens: Die transnationale Zivilgesellschaft bedarf einerseits verstärkter Unterstützung durch die politischen Institutionen und verdient eine Teilhabe an den Entscheidungsfindung der politischen Weltgesellschaft. Sie ist unverzichtbar auf Handlungsfeldern wie der Sicherung der Menschenrechte, der Gewährleistung humaner Arbeitsbedingungen, dem Umweltschutz und der Geschlechtergleichstellung. Ihre Themenfelder sind aber nicht begrenzt.

Sechstens: Die politische Weltöffentlichkeit hat eine maßgebende Funktion für die Ausbildung der Weltstaatsbürgerschaft und die Kontrolle der globalen Akteure. In den Erörterungen einer globalen Öffentlichkeit über gemeinsame Probleme kann sich ein verbindendes Bewusstsein von Weltbürgerschaft ausbilden.

Universalismus, kulturelle Vielfalt und soziale Demokratie

Der universelle Legitimationsanspruch sozialer Demokratie wird durch die Vielfalt der Weltkulturen nicht in Frage gestellt. Er findet in allen Traditionen normative Grundlagen und Ausgangspunkte. Er sieht sich gleichwohl nicht nur in den „anderen" Kulturen der Welt, sondern auch im „Westen" durch alternative Werte und Interessen herausgefordert, gegen die er den Universalismus der Grundrechte geltend macht.

Es ist gleichwohl für die Theorie der sozialen Demokratie immer ein Problem gewesen, angemessene Strategien für den Umgang mit ethnischen, religiösen und sprachlichen Unterschieden zu begründen, die sich ihrer Art nach von den wirtschaftlichen Ungleichheiten unterscheiden, die der Markt erzeugt. Einerseits wurde anerkannt, dass Bürger in der Tat konkreter bestimmt sind als allein durch ihre Zugehörigkeit zu sozialen Klassen. Diese Anerkennung muss aber, wenn sie konsequent zu Ende gedacht wird, zu einer erweiterten Konzeption sozialer Rechte führen. Soziale Rechte müssen auch auf kulturelle Unterschiede bezogen werden. Die Bedingungen der gleichen Bürgerschaft in der Dimension aller fünf Gruppen universeller Grundrechte, neben den bürgerlichen und politischen, auch den sozialen, ökonomischen und kulturellen, erfüllt nur eine Politik der Anerkennung, die drei Handlungsstrategien miteinander verbindet:

Politik der Anerkennung
1. Die Anerkennung unterschiedlicher kultureller Identitäten,
2. die Anerkennung des verpflichtenden Rahmens der rechtsstaatlichen Demokratie und der universellen Grundrechte durch alle kulturellen kollektive, also die Ausbildung einer gemeinsamen politischen Kultur der demokratischen Rechtsstaatlichkeit und
3. die gleichberechtigte Teilhabe aller Individuen und kulturellen Kollektive an den sozialen und ökonomischen Ressourcen und Chancen der Gesellschaft.

Libertäre Demokratie, defekte Demokratie

Eine libertäre Demokratie, die nur die bürgerlichen und politischen, nicht aber die sozialen und ökonomischen Grundrecht erfüllt, erweist sich in der Praxis als defekte Demokratie.

Erstens im Herrschaftsanspruch, wenn aufgrund vollständiger Kommerzialisierung der Massenmedien Bürger unter normalen Bedingungen keinen Zugang zum aktiven Gebrauch der öffentlichen Kommunikationsmittel haben und, anders als beim öffentlich-rechtlich Rundfunk, auch kein zivilgesellschaftlicher Einfluss auf Personal, Themenwahl und Kommunikationsweise der Rundfunkanstalten besteht. Unter diesen Umständen büßt die Gesellschaft ihr deliberartives Potential weitgehend ein und damit zugleich auch die Chance der wertorientierten politischen Einwirkung auf sich selbst.

Zweitens im Herrschaftsmonopol, denn libertäre Demokratien entwickeln regelmäßig eine beträchtliche Tendenz zur asymmetrischen Einflussnahme der mächtigsten Wirtschaftsakteure auf das Parlaments- und Regierungshandeln, das häufig wegen der Dominanz der kommerziellen Massenmedien zudem in der politischen Öffentlichkeit unthematisiert bleibt.

Drittens in der Herrschaftsstruktur, denn libertäre Demokratien zeigen regelmäßig besonders stark ausgeprägte Asymmetrien der Einflusschancen der unterschiedlichen sozialen und ökonomischen Interessen. Und *viertens* in der Herrschaftsweise, denn die Verletzungen der sozialen und ökonomischen Grundrechte verletzen wesentliche, völkerrechtlich geltende Bedingungen der rechtsstaatlichen Demokratie.

In ihrem Zusammenspiel führen diese unterschiedlichen Defekte der Demokratie zum Ausschluss der betroffenen Bürger aus dem vollen Status gleichberechtigter Bürgerschaft. Sie können trotz fortbestehenden allgemeinen und gleichen Wahlrechts die demokratische Substanz des jeweiligen Gemeinwesens ganz in Frage stellen.

Die Verweigerung der sozialen und ökonomischen Voraussetzungen demokratischer Staatsbürgerschaft in modernen Klassengesellschaften führt aus diesen Gründen zur wesentlichen Verkürzung der politischen Demokratie selbst. Das kann immerhin noch, wie in einigen europäischen Demokratie dazu führen, dass diese Bürger nur über schwach kontrollierte Repräsentanten am demokratischen Prozess teilnehmen, dann liegt ein Fall von delegativer Demokratie (G. O'Donnell) vor. Es kann jedoch, im weitergehenden Falle auch zum Ausschluss sowohl von der aktiven Partizipation wie von jeder Form beauftragter Delegation führen.

Die Überwindung dieser Defekte und die Rückgewinnung demokratischer Entscheidungssouveränität unter den Bedingungen der Globalisierung verlangen daher in den einzelnen Gesellschaften und für die Weltgesellschaft die wachsende Annäherung an den Typ der sozialen Demokratie.

Literatur

Altvater, E. / Mahnkopf, B. 2002

Barber, B. 1998

Etzioni, A. 1995

Giddens, A. 1999

Held, D. 2007

Honneth, A. 1993

Marshall, T. H. 1992

Merkel, W. 1993

Merkel, W. 2000

Merkel, W. 2006

Meyer, T. 2005

Meyer, T. 2007

Selznich, P. 1995

5.5 Sozialismus des 21. Jahrhunderts

Diskurs und Praxis

Der theoretisch seriöse Diskurs und die ernstzunehmende politisch-programmatische Bezugnahme auf einen „Sozialismus" im klassischen Sinne schienen seit dem ökonomischen und politischen Zusammenbruch des sowjet-kommunistischen Modells 1989 an ihr Ende gelangt. Von den orthodox-sozialistischen Gesellschaftsmodellen im Sinne der kommunistischen Doktrin halten sich nur Kuba und Nordkorea, jedoch am Abgrund des politischen und menschlichen Überlebens, allein auf der Basis monopolistischer politischer Zwangsgewalt und einer Abschottung der Länder nach außen. Die beiden um Modernisierung bemühten, ehedem strikt nach dem orthodoxen Modell verfassten „sozialistischen" Gesellschaften Chinas und Vietnams hingegen befinden sich in einer tiefgreifenden Übergangsphase, deren Ende nicht abzusehen ist. Während sie die Monopolherrschaft der jeweiligen kommunistischen Parteien weiterhin mit Elementen der marxistischen leninistischen Legitimationsideologie rechtfertigen, entfernen sie sich in der Praxis ihrer Wirtschafts- und Sozialpolitik davon grundlegend. Marktregulation und Privateigentum an Produktionsmitteln spielen eine zunehmende Rolle. Die Ungleichheit der Einkommen und Vermögen wächst und nimmt für den gesellschaftlichen Zusammenhalt und die Legitimation des Systems bedrohliche Ausmaße an. Die vormals geschaffenen Systeme der sozialen Sicherung, häufig an die Staatsbetriebe gebunden, wurden weitgehend abgebaut. Die Frage ist offen, ob und auf welche

Weise sich zwischen politischer Macht, Wirtschaftssystem und sozialstaatlicher Sicherung eine neue Balance einspielen wird. Erstrebt wird sie jedenfalls in beiden Gesellschaften, sowohl von den Parteiführungen wie auch von der Gesellschaft, soweit diese sich unter den gegebenen Bedingungen autokratischer politischer Systeme zu artikulieren vermag.

Überraschend ist vor diesem Hintergrund der plötzlich hervorgetretene Diskurs über einen „Sozialismus des 21. Jahrhunderts", der schon seit dem Ende der 1990er Jahre von dem in Lateinamerika wirkenden deutschen Soziologen Heinz Dieterich in einer gleichnamigen Publikation ausgelöst wurde. Durch dessen Verbindung zum venezuelanischen Staatspräsidenten Hugo Chavez scheint aus einem vor dem Hintergrund der Geschichte des Sozialismus eher sektiererisch anmutenden intellektuellen Projekt schlagartig ein ernstzunehmendes politisches Programm geworden zu sein, das zunächst in Lateinamerika Fuß zu fassen scheint und von dort aus in andere Teile der Welt übergreift, etwa Asien, wo sich die indonesische Linkspartei PAPERNAS darauf beruft. Auch in Europa wird das Projekt von Intellektuellen der Linksparteien als Beweis dafür heran gezogen, dass auch nach dem Scheitern des sowjet-kommunistischen Experiments ein neues Projekt des Sozialismus im 21. Jahrhundert möglich sei. Der theoretische Diskurs und die praktischen Projekte in lateinamerikanischen Ländern wie Venezuela, Bolivien, Ecuador und Argentinien zu Beginn des 21. Jahrhunderts stehen bei alledem in einem ungeklärten Wechselverhältnis, das fürs erste nur durch die alle verbindende Überschrift eines „Sozialismus für das 21. Jahrhundert" überhöht wird. Heinz Dieterich erhebt mit seiner Theorie den Anspruch, nach dem Scheitern der Ansprüche der Sozialdemokratie und des realen existierenden Sozialismus sowie dem Ende zukunftsfähiger Visionen des Bürgertums am Ausgang einer langen Epoche fehlgeschlagener Entwicklungen also, als einzig verbleibende Zukunftsalternative einen neuen Sozialismus zu präsentieren. Dieser soll in Radikalität und Reichweite dem orthodoxen Sozialismus des 19. und frühen 20. Jahrhunderts entsprechen, aber in seinen Mitteln und Wegen die Konsequenzen aus dessen historischen Scheitern ziehen.

Das „Modell"

Kern dieser Sozialismus-Vorstellung ist die Überwindung des Eigentums an Produktionsmitteln durch eine neue Form von Arbeitseigentum, das nicht mehr als Hebel zur Verwertung der Arbeitskraft im Dienste von Privateigentum und Kapital verwendet werden kann. Die Entfremdung der Arbeiter im System der fremdbestimmten Arbeit wird aufgehoben und eine Form radikaler Basisdemokratie schafft auf politisch-gesellschaftlicher

Ebene die Bedingungen für die revolutionären Veränderungen der gesellschaftlichen und wirtschaftlichen Verhältnisse.

In einer eigenwilligen Interpretation der Marx'schen Wert-Theorie gelangt Dieterich zu dem Schluss, dass an die Stelle der kapitalistischen Marktwirtschaft eine „Äquivalenzökonomie" treten muss, die garantiert, dass jeder nach dem Abzug der für öffentliche Aufgaben notwendigen Beträge von der Gesellschaft als Kaufkraft den Wert zurück erhält, den er der Wirtschaft zuvor durch seine Arbeitszeit gegeben hat. Die unmittelbar Wert Schaffenden tauschen auf der Basis einer als „marxistisch" deklarierten Werttheorie Arbeitszeit-Kontingente in Form von Berechtigungen, die ihnen den Zugang zu Gebrauchswerten ermöglichen, die sie für ihre Lebensführung wünschen. Ausbeutung und Ungleichheit gelangen an ihr endgültiges Ende.

An die Stelle der vertikalen Willensbildung und Machtverhältnisse in den bürgerlichen Demokratien tritt auf der Ebene der gesamtgesellschaftlichen Entscheidungen eine plebiszitäre Demokratie. Sie wird durch basisdemokratische Organisationsformen untermauert. Auf der Tagesordnung steht nun eine postkapitalistische Zivilisation in einer sozialistischen Weltgesellschaft. Ihre Kennzeichen sind neben dem Ende von Privateigentum an Produktionsmitteln und der Entwicklung einer neuen Form von unmittelbarer Tauschgesellschaft die universelle Basisdemokratie.

Sozialismus des 21. Jahrhunderts
⇨ Äquivalenz- Ökonomie
⇨ Plebiszitärer Parlamentarismus
⇨ Kommunale Basisdemokratie
⇨ Postkapitalistische Weltzivilisation

Diese Vorstellungen erinnern an Konzepte des Frühsozialismus, die vor allem infolge ihrer mangelnden Fähigkeit, sich auf eine komplexe Wirklichkeit einzulassen, das Stadium der utopischen Diskurse nie verlasen haben und darum von den demokratischen Sozialisten, die im 20. Jahrhundert auf die eine oder andere Weise Handlungsverantwortung für ihre programmatischen Projekte übernehmen mussten, in schmerzhaften Lernprozessen gründlich überwunden worden sind. Sie üben gleichwohl durch ihre Verbindung zur politischen Praxis des seit 1998 als Präsident der Republik Venezuela amtierenden Hugo Chavez auf viele linke Akteure und selbst auf Intellektuelle einen eigentümlichen Reiz des unverhofft und wider alles Erwarten offenbar doch Möglichen aus. Chavez hat vor allem drei politische und ökonomische Veränderungen realisiert, die auf der theoretisch vorgezeichneten Linie zu liegen scheinen. Er hat die Erdölindustrie, Quelle des außerordentlichen Reichtums dieses Landes, unter nationale Kontrolle gestellt und die Enteignung der gesamten Energie- und Telekommunikationswirtschaft in Aussicht gestellt. Neben diesen Verstaatlichungsprojekten wurden neue Formen der Arbeitermitverwaltung in einigen Großbetrieben realisiert, wo die Repräsentanten des staatlichen Eigentums und Kooperativen der Beschäftigten gemeinsam die wirtschaftliche Kontrolle ausüben. Weitere Verstaatlichungen sind vorgesehen. Den verschiedenen Formen des staatlichen, genossenschaftlichen und gesellschaftlichen Eigentums an Produktionsmitteln wird prinzipiell der Vorrang gegenüber dem gleichwohl weiterhin zugelassenen Privateigentum eingeräumt. Chavez selbst spricht in diesem Zusammenhang von „Motoren für den Übergang Venezuelas zum Sozialismus". In den Kommunen wurden Bürger-Räte eingerichtet, die einerseits die Verwaltungen kontrollieren sollen und andererseits an diesen vorbei mit Mitteln, die sie direkt von der Zentralregierung beziehen, neue Formen politischer Selbstbestimmung praktizieren. Die Vernetzung dieser kommunalen Räte in einer landesweiten Konföderation soll dann zur Schaffung eines kommunalen Staates führen.

Utopie mit offenem Ausgang

Das venezuelanische Projekt verdankt seine große Ausstrahlungskraft auf eine Reihe lateinamerikanischer Länder und mittlerweile auch auf Akteure in anderen Teilen der Welt vor allem seinem Anspruch, eine antineoliberale und antiimperialistische Revolution zu verkörpern, die der Vorherrschaft des Washington-Konsensus und die ökonomische und politische Hegemonie der USA beenden will. Das Projekt musste seine zweifelhafte Realitätstauglichkeit bisher nicht unter Beweis stellen, da die immensen Einnahmen des venezuelanischen Staates aus seinem großen Erdölvorkommen eine sichere finanzielle Basis darstellen, die an die Produktivität der neuen polit-ökonomischen Instrumente keine Anforderungen stellen – so lange der Vorrat reicht. Die bisherige Praxis und die absehbaren Pläne der Politik von Hugo Chavez bleiben im Übrigen weit hinter den großen Verheißungen der Theoretiker des neuen Sozialismusdiskurses zurück. Das ganze Projekt hat weder in der Praxis noch in der Theorie wirklich neue Elemente, die nicht schon aus den Debatten der Frühsozialisten und der Rätebewegung am Ende des Ersten Weltkrieges bekannt wären. Heinz Dieterichs Vorstellungen einer Äquivalenzökonomie und radikalen Basisdemokratie erscheinen als die Wiederbelebung frühsozialistischer Utopien, die wegen ihrer mangelnden Komplexität und Realitätstauglichkeit früh und gründlich an der Realität der modernen Gesellschaft gescheitert sind.

Auch das Konzept einer Basisdemokratie, die aus den kommunalen Lebenszusammenhängen heraus bis auf die Ebene der gesamtstaatlichen politischen Willensbildung durchgehalten werden könnte, kann mit dem Scheitern rätedemokratischer Vorstellungen zu Beginn des 20. Jahrhunderts als widerlegt gelten. Die Verstaatlichung einzelner Schlüsselindustrien muss den Funktionsbedingungen moderner Ökonomien nicht unbedingt widersprechen, obgleich sich ihre Überlegenheit über andere Formen demokratischer Kontrolle nirgends auf der Welt, wo sie erprobt wurde, überzeugend gezeigt hat. Chaves nutzt den natürlichen Reichtum seines Landes unter anderem auch dafür, durch großzügige finanzielle Unterstützung von Entwicklungsprojekten in anderen lateinamerikanischen Ländern die Vorbildrolle seines Modells materiell zu untermauern.

Das venezuelanische Modell kann entgegen dem Anspruch von sozialistischen Intellektuellen in europäischen Linksparteien kaum als ein Laboratorium des 21. Jahrhunderts betrachtet werden. Die gegenwärtig fast unbegrenzt verfügbaren finanziellen Mittel, die der Erdölreichtum des Landes zur Verfügung stellt, verhindern nämlich das Sichtbarwerden von Produktivitäts- und Steuerungsdefiziten der neuen politischen und ökonomischen Strukturen weitgehend. So lange dabei die Demokratie nicht in Frage gestellt wird, bleibt der Ausweg der gewaltsamen Durchsetzung eines aus eigenem Recht nicht lebensfähigen Modells versperrt. Auch spricht bisher nichts dafür, dass es eine funktionsfähige Alternative zu den Konzepten der sozialen Demokratie darstellt, wie sie etwa zeitgleich in Ländern wie Chile und Brasilien praktiziert werden. Im empirischen Vergleich erweisen sich letztere im Hinblick auf Verteilungsgerechtigkeit und Chancengleichheit vielmehr als erfolgreicher[26]. Soweit zu sehen ist, hat dieser Sozialismus als Alternative zum Konzept der Sozialen Demokratie in modernen Gesellschaften keine realistische Chance, weil er außer der Neuauflage historisch gescheiterter Elemente sozialistischer Politik weder in seiner Theorie noch in seiner Praxis ein Angebot zu machen vermag.

Literatur

Dieterich, H. 2006

Dirmoser, D. / Merkel, W. 2007

Moulian, T. 2004

---

[26] Dirmoser/Merkel 2007

6 Theorie und Praxis

Widerspruchsvolle Wechselbeziehungen

Im Rückblick auf die Geschichte des Verhältnisses von Theorie und Praxis des Sozialismus in der zweiten Hälfte des 19. und im 20. Jahrhundert zeichnen sich trotz der großen Komplexität und Dynamik ihrer widerspruchsvollen und wandelbaren Beziehungen zueinander einige Grundlinien ab.

So lange die Organisationen der Arbeiterbewegung, die für die Realisierung sozialistischer Ziele einstanden, die Gewerkschaften und vor allem die Arbeiterparteien, schwach, klein und politisch machtlos waren, ohne Chance der Umsetzung ihrer Programme, war die sozialistische Theorie und Programmatik von einer Neigung zu überschwänglichen Verheißungen, zur fundamentalen Alternative zum Bestehenden und zur Orientierung an idealtypischen Modellen geprägt. Sozialismus erschien dem Hauptstrom der Theorie als ein alternatives Gesellschaftsmodell aus einem Guss, das die Hauptwidersprüche und Defizite des modernen Industriekapitalismus durch eine neue Gesellschaft und die Freisetzung eines umfassenden Solidarbewusstseins gänzlich zu überwinden versprach. Der Hoffnungsüberschuss dieser vor allem vom Marxismus geprägten Phase schien über die Emanzipation hinaus Erlösung von den Widersprüchen der modernen Gesellschaft zu versprechen.

Starke Motivationsfunktion

In dieser Zeit hatte die sozialistische Perspektive über die Handlungsorientierung hinaus vor allem die Rolle einer starken Motivation für sozial und politisch schwache Akteure, die aber vom erlittenen Unrecht der Menschen, für die sie stand, und der geschichtlichen Berechtigung der eigenen Sache zutiefst durchdrungen waren. Wenn ein deutlich utopischer Zug des Sozialismus in dieser Epoche und in Teilströmungen darüber hinaus nahezu bis in die Gegenwart festzustellen ist, so bezieht sich dies nicht auf den Sachverhalt, dass es der sozialistischen Theorie und Programmatik naturgemäß immer um Visionen und Projekte gehen musste, die weit über den Tag hinaus reichten. Darüber hinaus produzierte die Theorie mit der sozialistischen Vision auch einen Verheißungsüberschuss, der weit über alles hinauszielte, was durch geschichtliche Erfahrungen mit dem sozialen Verhalten von Menschen als eine plausibel Perspektive gesellschaftlicher Veränderung erscheinen konnte. Der utopische Gehalt sozialer Versöhnung, der einen beträchtlichen Teil der sozialistischen Theoriebildung immer kennzeichnete, entsprang in dieser Hinsicht eher der großen religiösen Überlieferung.

Die Idee einer besonderen historischen Mission, von deren Erfüllung mehr zu erhoffen war als nur die Gleichheit der Chancen aller, hat ausgesprochen und unausgesprochen die sozialistische Praxis beflügelt und die sozialistische Theorie inspiriert und zwar besonders nachdrücklich und unangefochten, so lange der Praxisbeweis für sie mangels politischer Gestaltungsmacht nicht erbracht werden musste. Sie fand sowohl in der demokratisch sozialistischen Tradition wie im diktatorischen Kommunismus ihren jeweils besonderen Niederschlag. Das galt für Teile beider Strömungen bis in die Zeit des Umbruchs der demokratischen Revolution Osteuropas 1989.

Während sie in der kommunistischen Ideologie die legitimierende Rolle eines historischen Versprechens spielte, dass Entbehrung und Ungleichheit, Unterdrückung und Bevormundung in der Zwischenepoche bis zur Erreichung jenes Ziels legitimieren sollte, übernahm sie in der Tradition des demokratischen Sozialismus die Rolle der Verstärkung der Motivationskraft in einem schwierigen, mitunter fast aussichtslos erscheinenden Kampf, der aber jederzeit auf die Bedingung demokratischer Mehrheitsunterstützung und universell geltender Grundrechte bezogen blieb. Aus diesem utopischen Überschuss ergab sich auch die über lange Zeit, bis in die zweite Hälfte des 20. Jahrhunderts hinein, stets vollzogene scharfe Trennung in Wissenschaft, politischer Öffentlichkeit und parteipolitischer Orientierung zwischen dem sozialistischen und dem bürgerlichen Lager.

Widerspruchsvolle Differenzierung

Im Maße, wie sozialdemokratische und sozialistische Parteien in den demokratischen Ländern durch Wahlerfolge Regierungsverantwortung übernehmen konnten und damit auch gesellschaftliche und wirtschaftspolitische Gestaltungsmacht gewannen, ergab sich im theoretischen Umfeld der entsprechenden Parteien eine allmähliche Differenzierung. Sie vollzog sich von Land zu Land mit großer Ungleichzeitigkeit und in fast jedem Land in widerspruchsvoller Weise seit dem Beginn des 20. Jahrhunderts bis in die Epoche der demokratischen Revolution Osteuropas 1989.

Während sich jeweils ein Regierungsflügel um die Modernisierung der Handlungskonzepte bemühte, die der Realität und Komplexität der tatsächlichen Herausforderungen und den gegebenen Handlungsmöglichkeiten angepasst war, beharrte der radikale Flügel auf der fortgeltenden Orientierungskraft der alten sozialistischen Theorien und Ziele und sei es nur als prinzipielle oder langfristige Orientierung. Diese Richtungsdifferenzierung, die sich in vielen Fällen als prinzipielle Entgegensetzung, wenn auch im Rahmen geteilter demokratischer Prämissen, einspielte, konnte unterschiedliche Formen annehmen. Für die sozialistische Partei Frankreichs blieb die radikale programmatisch-ideologische Orientierung trotz weitgehend reformistischer Praxis bis in die 1980er Jahre offiziell gültig. Im überwiegenden Teil der deutschen Geschichte, in Österreich oder Großbritannien führte die ungleichzeitige Modernisierung zu einer zwar langfristig stabilen, in Krisensituationen aber immer wieder zugespitzten Polarisierungen innerhalb einer gemeinsamen sozialdemokratischen bzw. sozialistischen Partei. In den skandinavischen und mehreren kontinentaleuropäischen Ländern führte sie zur Ausbildung eines organisatorischen Dualismus zweier selbstständiger Links-Parteien.

Theorie-Asymmetrien

Auf der Ebene der intellektuellen und akademischen Theoriebildung hat die Orientierung an der radikalen Richtung des Sozialismus in fast allen europäischen Ländern stets ein eindeutiges Übergewicht über deren an Reformismus und Pragmatismus ausgerichteter Alternative gehabt. Eine wichtige Ausnahme bilden dabei die skandinavischen Länder, in denen sich der entscheidende sozialökonomische Gestaltungseinfluss der sozialdemokratischen Parteien seit den 1930er Jahren parallel zu einer akademisch und politisch einflussreichen und anspruchsvollen reformistischen Theorieentwicklung vollzog. Vor allem das Kernparadigma des „funktionalen Sozialismus", das in Schweden in den 1960er Jahren eine Rolle spielte, resümierte und begründete die Praxiserfolge der skandinavischen Sozialdemokratie.

Der Prozess der Revision in der von den Vorstellungen der marxistischen Theorie beeinflussten sozialistischen Tradition hat sich im gesamten 20. Jahrhundert, vor allem in dessen zweiter Hälfte in Sprüngen und Widersprüchen vollzogen. Erst seit dem Zusammenbruch der kommunistischen Macht- und Wahrheitsansprüche nach 1989 hat sich das revisionistisch-reformistische Paradigma im Hauptstrom der sozialistischen Organisationen und der auf sie bezogenen theoretischen Debatten auf ganzer Linie durchgesetzt. Seither ist der Sozialismus von kleinen, eher sektiererischen Gruppen abgesehen von dem Paradigma des „demokratischen Sozialismus" bestimmt. Gleichzeitig ist der Hauptstrom der sozialdemokratischen Parteien und des auf sie bezogenen theoretischen Diskurses dazu übergegangen, zugunsten einer größeren kommunikativen Klarheit an die Stelle der traditionellen Sozialismus-Semantik das Konzept „Soziale Demokratie" zu setzen.

Aus einer Reihe gewichtiger struktureller Gründe bleiben die Diskurse und die programmatische Profilbildung der sozialdemokratischen Parteien in den einzelnen Ländern jedoch auf der semantischen und der politischen Handlungsebene von einem beträchtlichen Maß an Vielfalt geprägt. Dafür gibt es mehrere Gründe:

Erstens setzen die jeweils institutionalisierten Typen der politischen Ökonomie jedes Landes Bedingungen für funktional erfolgversprechende und politisch mehrheitsfähige Handlungsstrategien, die kurz- und mittelfristig als Filter für die Durchsetzung und den Entwurf politischer Lösungen wirken.

Zweitens konkurrieren die sozialdemokratischen Parteien in ihrer jeweiligen nationalen politischen Arena mit höchst unterschiedlichen Parteien und sehen sich im Falle von Wahlerfolgen gleichermaßen zur Kooperation mit sehr verschiedenen Koalitionspartnern veranlasst. Dass z.B. die *französischen* Sozialisten in den neunzehnhundertneunziger Jahren mit einer kommunistischen Partei zuerst um dieselbe Wählerschaft konkurrierten und mit ihr bei der Regierungsbildung eine gemeinsame Plattform finden mussten, hatte erheblichen Einfluss auf ihre politische Sprache, ihre symbolischen Leitthemen und auf die Akzentsetzung in ihren praktischen Politikentwürfen. Sozialdemokratische Parteien in dieser Situation müssen unter den Bedingungen ihrer nationalen politischen Arena der Rhetorik und teilweise auch der politischen Substanz der sozialistischen Tradition beträchtliches Gewicht einräumen. Die britische *Labour Party* hingegen sieht sich seit den neunzehnhundertneunziger Jahren ernst zu nehmenden Konkurrenten in Wahlen nur im neo-liberalen Spektrum gegenüber und konkurriert mit diesen um einen entscheidenden Wähleranteil in der sozialen und politischen Mitte. Das spiegelt sich beträchtlich in ihrer politischen Sprache, ihrer Symbolik und den ökonomischen und sozialpolitischen Akzenten ihres öffentlichen Profils wieder. Darauf in erster Linie waren Rhetorik und Substanz des Dritte-Wege-Diskurses bezogen. Auch alle anderen sozialdemokratischen Parteien Europas müssen sich in vergleichbarer Weise an der spezifischen Situation ihrer wahlpolitischen Arena orientieren.

Drittens stehen die sozialdemokratischen Parteien und die Linksparteien insgesamt in den einzelnen Ländern in unterschiedlichen programmatischen und kulturellen Traditionen, so dass die einen, etwa in Frankreich, eher von einem programmatisch radikalen Erbe beeinflusst sind und andere, wie etwa Schweden, von einem ausgeprägt pragmatischen.

Viertens weisen die politischen Kulturen, die zivilgesellschaftlichen Strukturen und die Sozialkulturen der europäischen Länder erhebliche Unterschiede auf. Zwar sind kulturelle Traditionen keine unveränderlichen Größen, aber politische Gegebenheiten von langer Dauer, die sich nur allmählich ändern und in jeder konkreten Lage zunächst als feste Rahmenbedingungen wirken. Die ausgeprägte Solidaritätskultur der skandinavischen Länder ist in Europa ohne Beispiel. Sie nötigt sämtliche Parteien zu einer weitgehend sozialstaatlich orientierten Politik und führt zu einer breiten Akzeptanz hoher Steuersätze, die in anderen europäischen Ländern, wie Großbritannien, Italien oder Deutschland zu schwer wiegenden politischen Legitimationsproblemen führen würden. Wettbewerbskulturen wie in Großbritannien stehen historisch gewachsene Konsenskulturen, wie in den Niederlanden und der Bundesrepublik gegenüber, die sehr verschiedenartige politische Vorgehensweisen und theoretisch Überlegungen nahe legen.

Fünftens. In freilich oft überschätztem Maße sind sozialdemokratische Zukunftsprojekte „pfadabhängig", zur Einpassung in historisch gewachsene Institutionen, Organisationen und Strukturen genötigt. So kann ein Land mit einer überwiegend beitragsfinanzierten sozialen Sicherung, wie Deutschland, nicht plötzlich seinen sozialpolitischen Entwicklungspfad wechseln, indem es auf das skandinavische Modell der Steuerfinanzierung umstellt. Es bleibt zunächst an die vorgegebenen Ausgangsbedingungen gebunden. Es spricht freilich viel dafür, dass gerade in den Krisen und angesichts der Probleme, die vom gesellschaftlichen Wandel und den offenen Märkten ausgehen, Bereitschaft und Chancen zu einem weitgehenden Systemwandel wachsen.

Sechstens. Darüber hinaus sind Reichweite und Ausmaß eines politischen Richtungswechsels infolge eines Regierungswechsels in hohem Maße von den politischen Institutionen-Systemen eines Landes abhängig. Ein stark föderal strukturiertes Land wie die Bundesrepublik mit seiner großen Zahl mächtiger Veto-Spieler ist immer in großem Ausmaß zur Zusammenarbeit der großen politischen Lager genötigt, während die zentralisierte Mehrheitsdemokratie Großbritanniens einen scharfen Richtungswechsel in der nationalen Politik institutionell erlaubt.

Sozialliberalismus

Seit dem Beginn des 20. Jahrhunderts gab es in Deutschland immer eine von den parteipolitischen Konstellationen unabhängige ideengeschichtliche Doppelströmung des liberalen Sozialismus bzw. sozialen Liberalismus. Beide beruhten in ihrem Prinzipienkern auf der kantischen Annahme, dass auch in den ökonomischen und sozialen Handlungszusammenhängen die Autonomie aller Personen gewährleistet werden muss, und auf der indirekt aus dem kantischen Rechtsgesetz gewonnenen Überzeugung, dass zur Realwirkung der Freiheitsnorm die Verfügung über „Freiheitsgüter" gehört, die mit dem Freiheitsversprechen selbst unlösbar verbunden sind. Beide Zweige dieses Traditionszusammenhangs unterschieden sich bis vor kurzem beträchtlich in der Präferenz der Institutionen und Politiken im wirtschafts- und sozialpolitischen Bereich, die für die Einlösung des prinzipiellen Anspruchs der gleichen Freiheit erforderlich schienen. Das zeigt übrigens in überraschender Klarheit der Vergleich der *Freiburger Thesen* der damals sozial akzentuierten FDP von 1971 mit dem revisionistischen *Godesberger Programm* der SPD von 1959.

Die unter großen Konflikten vollzogene langsame Modernisierung der Programmatik und des politischen Selbstverständnisses der sozialen Demokratie in Deutschland ging in hohem Maße auf den Einfluss der linkskantianischen Sozialismustheoretiker zurück. Das von *Eduard Bernstein* aufgegriffene und in den politischen Diskurs eingeführt *Cohensche* Rechtsprinzip der *Genossenschaftlichkeit* wurde schrittweise zur Formel von der Demokratisierung aller Lebensbereiche weiterentwickelt. Allerdings werden die Reichweite und die Geltungsweise dieses Prinzips in den gegenwärtigen Diskursen der sozialen Demokratie im Hinblick auf sein Verhältnis zu den notwendigen Autonomiespielräumen der Funktionslogiken der gesellschaftlichen Subsysteme, insbesondere der Wirtschaft, zur Diskussion gestellt. Es stellt sich nun die Frage, welche Form der Synthesis zwischen der Eigenlogik der gesellschaftlichen Funktionssysteme und dem Demokratieprinzip jeweils als gleichzeitig normativ gerechtfertigt und funktional angemessen begründet werden kann.

Die *Nelsonsche* Vorstellung von der Gleichheit der äußeren Bedingungen vernünftiger Selbstbestimmung führte einerseits über *Thomas H. Marschalls* Konzept des social citizenship zur Idee eines rechtlich zu gewährleistenden positiven Freiheitsbegriffs und andererseits zur prinzipiellen Unterscheidung zwischen den politischen Grundwerten als unbedingten Zwecken der Politik sozialer Demokratie und der Wirtschaftsverfassung und -politik als Mitteln zum Zweck. Auch *John Rawls* Argument, dass erst die Verfügungsgewalt über bestimmte notwendige soziale Grundgüter der Freiheit einen realen Gebrauchswert und der Norm der gleichen Freiheit einen handlungsrelevanten Sinn verleiht, stützt sich auf diese Tradition. All das sind politisch-philosophische Konzeptionen, bei denen sich soziale Demokratie und sozialer Liberalismus überlappen.

Rekursive Synthesen mit dem Liberalismus

Die gesamte handlungsorientierte Theoriegeschichte des Sozialismus kann als ein widerspruchsvoller Prozess stets erneuerter Synthesen zwischen dem sozialistischen Ursprungsdiskurs und Elementen des liberalen Diskurses beschrieben werden. Seit den 1990er Jahren zeigt sich diese Bereitschaft zur Aufnahme *liberaler Politikkonzepte* und *Akzente vor allem* in der Rolle des Weltmarktes als Ausgangspunkt des ganzen Projektes, in der *Aufwertung individueller Selbstverantwortung* und der auf sie bezogenen *Veränderung der Rolle des Sozialstaates*, in der Stützung auf die ökonomisch prosperierenden *Mittelschichten* sowie in der Aufwertung gesellschaftlicher *Selbststeuerung* gegenüber staatlichem Handeln. Die fortgeltende Bedeutung der *sozialdemokratischen* Ideen und Traditionen hingegen kommt am nachhaltigsten im Bestehen auf gesamtstaatlicher Verantwortung als *Ergebnisgewährleistung*, in der Ablehnung bloßer Privatisierungskonzepte zugunsten neuer Formen gesellschaftlicher Politik, im Bestehen auf *sozialstaatlichen Garantien* sowie in einem Grundwerteverständnis zur Geltung, das sich durch einen *sozialen Gerechtigkeitsbegriff* als umfassender gesellschaftlicher Teilhabe von der libertären Alternative unterscheidet und einen *egalitären* Akzent behält.

Die neue Synthese von Sozialdemokratie und Liberalismus macht sich auch darin bemerkbar, dass sich die aktuellen Debatten gänzlich von der traditionalistischen sozialdemokratischen Neigung zu einer *Politik gegen die Märkte* zugunsten politischer *Strategien mit den Märkten* abwenden. Dem Steuerungsmodus Markt wird gemessen an den sozialdemokratischen Traditionen eine wesentlich gesteigerte Bedeutung beigemessen, aber im Gegensatz zur libertären Position nicht anstelle letzt verantwortlicher politischer Steuerung, sondern in deren Rahmen.

In der politischen Philosophie und gleichermaßen in den relevanten politischen Diskursen der Gegenwart ist das Argument nicht mehr umstritten, dass der politische Liberalismus die unüberschreitbare Rahmenbedingung für jedes politische Projekt darstellt, das sein Gerechtigkeitsverständnis auf die politischen Grundwerte Freiheit und Gleichheit bezieht. Jenseits der unbedingten Geltung von Grundrechten, Demokratie und Pluralismus kann es gleiche Freiheit nicht geben. Auf der Ebene der politischen Philosophie und mehr noch in den ideologisch imprägnierten politischen Gebrauchsdiskursen der Gegenwart überlappen und relativieren sich in zunehmendem Maße die beiden Traditionen des sozialen Liberalismus und des liberalen Sozialismus (soziale Demokratie), die diesen politischen Rahmen für den ökonomischen, gesellschaftlichen und sozialen Handlungsbereich so füllen möchten, dass der Anspruch der liberalen Grundwerte für die gesellschaftliche Gesamtverfassung eingelöst wird.

Die auf den Traditionen des liberalen Sozialismus basierenden Theorien der sozialen Demokratie verknüpfen die Norm der gesellschaftlichen Autonomie mit der Norm eines positiven Freiheitsbegriffs, der Verfügung über die Handlungen ermöglichenden Güter einschließt. Dabei geht es nicht um soziale Sicherung allein. Es geht gleichermaßen um die Gewährleistung von Autonomie sichernden Mitbestimmungsrechten in allen gesellschaftlichen Handlungszusammenhängen, in denen über Personen verfügt wird. Diese Konzeptionen bleiben daher in mehrfacher Hinsicht auf den Kantischen Liberalismus bezogen:

Erstens: Durch die Respektierung der Bedingungen und Grenzen der Freiheit.

Zweitens: Durch die Vorrangstellung des Autonomieprinzips, auch in der gesellschaftspolitischen Dimension.

Drittens: Durch die Rückbindung der sozialen Interpretation des Prinzips der gleichen Freiheit an ihren kantischen Geltungssinn.

Kants ethisch-politische Theorie hatte also auch in der linkskantianischen Tradition wirkmächtige Folgen. Sie ist zur Grundlage eines Gerechtigkeitsverständnisses geworden, das um eine gesellschaftspolitische Fundierung des Liberalismus mit den Mitteln des Autonomiebegriffs bemüht ist. Diese Theorieentwicklung führte gleichzeitig auch zu einer weitgehenden Überlappung der nunmehr in immer stärkerem Maße liberal geprägten sozialistischen Vorstellungswelten mit der Tradition des Sozialliberalismus.

Literatur

Meyer, T. 2005

Grözinger, G / Maschke, M. / Offe, C. 2006

7 Ausblick

Wie alle politischen Großbegriffe, die politische Ideen und integrierte gesamtgesellschaftliche Handlungskontexte bezeichnen, ist der „Sozialismus" im letzten Viertel des 20. Jahrhunderts verblasst. Das lag im Wesentlichen am Zusammenwirken der zunehmenden Komplexität der gesellschaftlichen Handlungsbedingung, die Fundamentalalternativen die Basis raubte und den Bedingungen möglichen Wahlerfolgs in den demokratischen Ländern, die in die gleiche Richtung wirkten. Im Falle des „Sozialismus" tat die demokratische Revolution Osteuropas 1989 ein Übriges. Der Begriff scheint seither in weiten Teilen der europäischen Öffentlichkeit eher Verdacht zu wecken als Hoffnungen zu beflügeln, auch wenn die sozial-demokratische Substanz des traditionellen Programms des demokratischen Sozialismus sich als ungeschmälert aktuell erweist. Das gilt nicht allein für Europa, sondern mit geringen Ausnahmen überall in der Welt der Gegenwart.

Es gehört aber zur politischen Normalität in fast allen europäischen Ländern, dass kleinere Linksparteien in der politischen Arena, häufig auch in den jeweiligen Parlamenten, ein „sozialistisches" Programm traditionalistischer Prägung als strukturelle politische Minderheitenposition weiterhin verfechten und öffentlich zur Geltung bringen. Auch wenn es, so weit sich gegenwärtig abschätzen lässt, in dieser Form keine Aussicht mehr zu haben scheint, als gesamtgesellschaftliche Gestaltungsalternative in den handlungsorientierten politischen Diskursen in Betracht gezogen zu werden, behauptet es sich auf diese Weise doch in einer Art von Korrekturfunktion. Trotz der geringen Überzeugungskraft seiner wirtschafts- und sozialpolitischen Gestaltungskonzepte reichen die Erinnerung an das große historische Versprechen einer Gesellschaft der Freien ohne Ausbeutung und Klassenherrschaft und die Negativerfahrung sozialer Exklusion in den Gegenwartsgesellschaften dazu aus, populistische Protestformen zu begründen und zu motivieren.

Die demokratischen unter den großen politischen Ideen hingegen haben im Verlaufe des zwanzigsten Jahrhunderts ihr scharfes ideenpolitisches und politisch-programmatisches Profil verloren. Mittlerweile überlappen sie einander in weiten Bereichen, allerdings ohne dabei ihre grundlegende Unterscheidbarkeit gänzlich einzubüßen. Es ist auch nicht zu erwarten, dass ihre Entwicklung künftig notwendigerweise einem Pfad weiterhin zunehmender Konvergenz folgen wird. Der Sozialismus bildet in dieser Hinsicht, wie im vorliegenden Buch gezeigt worden ist, keine Ausnahme. Diesen Prozessen der Abschleifung ehedem scharfer Gegensatz-Profile liegen vor allem drei strukturelle Ursachen zugrunde:

Erstens: Das zunehmende Gewicht des Prinzips Realismus infolge politischer Lernprozesse und der Erfahrungen eigener Regierungsverantwortung der Organisationen und Repräsentanten der jeweiligen politischen Ideen.

Zweitens: Die unwiderstehliche Macht demokratischer Legitimationsverfahren, die alle an Regierungsteilhabe interessierten Akteure in die Mitte des richtungspolitischen Spektrums drängt.

Drittens: Die ständig zunehmende Komplexität der gesellschaftlichen, ökonomischen und politischen Realität, die den Spielraum für verantwortbare und realisierbare Handlungsalternativen, gemessen an den Erwartungen aus der Entstehungsphase der großen politischen Idee, drastisch und zunehmend einengt.

Dessen ungeachtet spielen die genannten politischen Ideen weiterhin eine gewichtige, wenn auch veränderte Rolle. Das gilt sowohl für die Arena der handlungsorientierten politischen Diskurse wie für die parteipolitische Identitätsbildung und Policy-Entwicklung. Bei der Interpretation der politischen Grundwerte, und deren Einfluss zunächst auf die Thematisierung politischer Probleme und dann der Erarbeitung und Realisierung von Policy-Entwürfen zu ihrer Lösung, in den Orientierungen der sozialen Unterstützung-Milieus der politischen Parteien, in den politischen Kommunikationsstrategien und im Prozess der sozialen und politischen Interessen-Aggregation üben die politischen Ideen fortwirkend einen maßgeblichen Einfluss aus.

Ohne Verständnis für die großen politischen Ideen und die in ihnen verkörperten Grundwerte, Erfahrungen und Interessen kann folglich die Dynamik der Diskurse und der Prozesse moderner Politik nicht zureichend verstanden werden. Andererseits bietet erst das Verständnis der historischen Lernprozesse, in denen die politischen Grundströmungen allmählichen wurden, was sie heute sind, die Voraussetzungen zu einer angemessenen Beurteilung ihrer heutigen Gestalt und auch dafür, warum bestimmte politische Problemlösungsstrategien von ihnen in der Gegenwart nicht mehr ernsthaft in Betracht gezogen werden. Auch darum lohnt sich das Studium ihres historischen Evolutionsprozesses. Das gilt womöglich mehr noch als für seine historischen Konkurrenten für den Sozialismus oder das, was aus ihm im Verlaufe eines langen und schmerzhaften historischen Lernprozesses geworden ist, die Soziale Demokratie.

Literatur

Altvater Elmar/Mahnkopf, Birgit 2002: Grenzen der Globalisierung. Ökonomie, Ökologie und Politik in der Weltgesellschaft. München.
Adler-Karlsson, Gunnar 1973: Funktionaler Sozialismus. Düsseldorf.
Barber, Benjamin 1995: Coca Cola und Heiliger Krieg. Bern.
Barber, Benjamin 1998: A Place for US. How to make Society Civil and Democracy Strong. New York.
Bernstein, Eduard 1973: Die Voraussetzungen des Sozialismus und die Aufgaben der Sozialdemokratie. Bonn.
Bernstein, Eduard 1990: Texte zum Revisionismus. Ausgewählt, eingeleitet und kommentiert von Horst Heimann. Bonn.
Dieterich, Heinz 2006: Der Sozialismus des 21. Jahrhunderts. Wirtschaft, Gesellschaft und Demokratie nach dem globalen Kapitalismus. Berlin
Dirmoser, Dietmar/Merkel Wolfgang 2007: Die Linke, die Demokratie und die soziale Frage. In: Neue Gesellschaft/Frankfurter Hefte 12/2007.
Dowe, Dieter/Klotz, Kurt (Hg.)1990: Programmatische Dokumente der deutschen Sozialdemokratie. Bonn.
Eichler, Willi 1973²: Zur Einführung in den demokratischen Sozialismus. Bonn.
Eppler, Erhard 1990²: Plattform für eine neue Mehrheit. Ein Kommentar zum Berliner Programm der SPD. Bonn.
Esping-Andersen, Gøsta 1990: The Three Worlds of Welfare Capitalism. Cambridge.
Etzioni, Anitai 1995: Die Entdeckung des Gemeinwesens. Stuttgart.
Euchner, Walter (Hg.) 1991: Klassiker des Sozialismus. 2 Bd. München.
  ⇨ *Das Buch enthält ausgezeichnete, kurze Überblicksdarstellungen über die relevanten Theoretiker des Sozialismus von führenden Autoren. Die einzelnen Artikel verweisen auf weiterführende Literatur. Sehr geeignet für die Einarbeitung in die Theorien der einzelnen behandelten Autoren.*
Fetcher, Iring 1975: Der Marxismus. Seine Geschichte in Dokumenten. 3 Bd. München.
Gerhardt, Volker 2002: Immanuel Kant. Vernunft und Leben. Stuttgart.
Giddens, Anthony 1999: Der Dritte Weg. Die Erneuerung der Sozialen Demokratie. Frankfurt/M.
Grebing, Helga 1977³: Der Revisionismus. München.
Grebing, Helga 2007: Geschichte der deutschen Arbeiterbewegung. Berlin.
Grözinger, Gerd/Maschke, Michael/Offe, Claus 2006: Die Teilhabegesellschaft. Frankfurt/M.
Gustavsson, Bo 1972: Marxismus und Revisionismus. 2 Bd. Frankfurt am Main.

Heimann, Horst/Meyer, Thomas (Hg.)1981: Reformsozialismus und Sozialdemokratie. Zur Theoriediskussion des demokratischen Sozialismus in der Weimarer Republik. Berlin, Bonn.
⇨ *Das Buch enthält Aufsätze führender Historiker und Sozialwissenschaftler zu den wichtigsten Themenfeldern der Theorie der sozialen Demokratie und deren Differenzierung und Entfaltung in der sozialdemokratischen Theoriediskussion der Weimarer Republik.*

Held, David 2000: A Globallizing World? Culture Economics Politics. London.

Held, David 2007: Soziale Demokratie im globalen Zeitalter. Frankfurt/M.

Heller, Hermann 1971: Gesammelte Schriften. 3 Bände. Leiden.

Hofmann, Werner 1971[4]: Ideengeschichte der sozialen Bewegung de 19. und 20. Jahrhunderts.

Knoll, Thomas 2007: Kommunistische Intellektuelle in Westeuropa.

Kremendahl, Hans/Meyer, Thomas 1974: Sozialismus und Staat. 2 Bände. Kronberg.
⇨ *Längere kommentierte Originaltextauszüge der zentralen sozialistischen Theoretiker aus den großen Kontroversen.*

Lasalle, Ferdinand 1970: Reden und Schriften. München.

Leser, Norbert 1998: Zwischen Reformismus und Bolschewismus. Der Austromarxismus in Theorie und Praxis. Wen.

Löwenthal, Richard (Hg.) 1978: Demokratischer Sozialismus in den 80er Jahren. Köln, Frankfurt am Main.

Lübbe, Peter 1978: Kommunismus und Sozialdemokratie. Berlin, Bonn.

Marshall, Thomas H. 1992: Bürgerrechte und soziale Klassen, Frankfurt/M. New York,

Merkel, Wolfgang 1993: Ende der Sozialdemokratie? Machtressourcen und Regierungspolitik im westeuropäischen Vergleich. Frankfurt am Main, New York.
⇨ *Eine wichtige Auseinandersetzung mit den diversen Thesen vom Ende der Sozialdemokratie auf empirischer Basis. Das Buch ist zur Einarbeitung in die Analyse sozialdemokratischer Praxis in einem klarentheoretischen Rahmen geeignet.*

Merkel, Wolfgang 2000: Die Dritten Wege der Sozialdemokratie ins 21. Jahrhundert. In: Berliner Journal für Soziologie 10 (1).

Merkel, Wolfgang/Egle, Christoph/Henkes, Christian/Ostheim, Tobias/Petring, Alexander 2006: Die Reformfähigkeit der Sozialdemokratie. Herausforderungen und Bilanz der Regierungspolitik in Westeuropa. Wiesbaden
⇨ *Maßgebliche Studie zur Praxis sozialdemokratischer Regierungsparteien in der Phase des Dritte-Wege-Diskurses. Das Buch basiert auf einem klaren, sozialwissenschaftlichen Rahmen der Theorie sozialer Demokratie und entfaltet die Ergebnisse einer empirischen Analyse von sechs Ländern, die in überzeugender Weise Erfolge und Missererfolge sozialdemokratischer Reformansätze im Hinblick auf die Ziele sozialer Demokratie dokumentiert und erklärt.*

Meyer, Thomas 1977: Bernsteins konstruktiver Sozialismus. Bonn, Berlin.
Meyer, Thomas 1978: Grundwerte und Wissenschaft im Demokratischen Sozialismus. Berlin, Bonn.
Meyer, Thomas 1991: Was bleibt vom Sozialismus?. Reinbeck.
Meyer, Thomas 1994: Ethischer Sozialismus bei Leonard Nelson. In: Holzhey, Helmut (Hg.) Ethischer Sozialismus. Frankfurt /M.
Meyer, Thomas 1991[1]: Demokratischer Sozialismus – Soziale Demokratie. Eine Einführung. Bonn.
 ⇨ *Illustrierte, mit zahlreichen Graphiken, Schaubildern und Fotos versehene Gesamtdarstellung der Entwicklung des demokratischen Sozialismus von den Anfängen bis zum Erscheinungsdatum des Buches. Der Text ist stark gegliedert, in einzelne Thesen und Quellenteile aufgeteilt, sodass eine strukturierte Einarbeitung in das Thema erleichtert wird.*

Meyer, Thomas 2005: Kant und die Linkskantianer. In: Volker, Gerhard: Kant im Streit der Fakultäten. Berlin, New York.
Meyer, Thomas 2005: Theorie der Sozialen Demokratie. Wiesbaden.
 ⇨ *Das sehr umfangreiche Standartwerk gibt eine systematische Einführung in die gegenwärtige Theorie der sozialen Demokratie, jedoch mit zahlreichen, historischen Rückblicken auf die Entstehungsgeschichte der jeweiligen theoretischen Position. Es behandelt alle Theoriebereiche von der Anthropologie über die Gerechtigkeitstheorie und die politische Ökonomie bis hin zur Globalisierungstheorie. Die übersichtliche und detaillierte Untergliederung ermöglicht die schrittweise oder selektive Arbeit am Thema.*

Meyer; Thomas 2006: Praxis der Sozialen Demokratie. Wiesbaden.
 ⇨ *Das Buch enthält einen paradigmatischen Vergleich von sechs Gesellschaften im Hinblick auf die Frage nach dem Ausmaß realisierter sozialer Demokratie. Die einzelnen Abschnitte sind von führenden Experten zu den jeweiligen Ländern USA, Großbritannien, Niederlande, Schweden, Japan, Bundesrepublik Deutschland verfasst und mit ausführlicher, empirischer Fundierung belegt. Das Buch enthält auch einen empirischen Index zur Messung des Maßes realisierter sozialer Demokratie in einem gegebenen Lande. Es ist der Praxisband zu Meyer, Theorie der Sozialen Demokratie.*

Meyer; Thomas/Miller, Susanne/Rohlfes, Joachim 1988[4]: Lern- und Arbeitsbuch deutscher Arbeiterbewegung. 4 Bd. Bonn.
 ⇨ *Für Selbststudium oder den Einsatz für Unterricht und Studium entworfenes Arbeitsbuch, das didaktisch umfassend strukturiert ist. Das Buch bietet zu allen Themen aus Theorie und Praxis der Geschichte des demokratischen Sozialismus kurze Überblicksdarstellungen führender Experten sowie Dokumente zur Einarbeitung und ausgewählte Literaturlisten zur Weiterarbeit.*

Miller, Susanne 1977[5]: Das Problem der Freiheit im Sozialismus. Berlin, Bonn.

Miller; Susanne/Pothoff, Heinrich 2005: Kleine Geschichte der SPD. Bonn.
Moulian, Thomas 2004:Ein Sozialismus für das 21. Jahrhundert oder der fünfte Weg. Zürich.
Naphtali, Fritz 1977⁴: Wirtschaftsdemokratie. Ihr Wesen, Wege und Ziel. Köln, Frankfurt am Main.
Nelson. Leonard 1972: Gesammelte Schriften. Bände I-IX. Hamburg.
Nelson, Leonard 1974: Ausgewählte Schriften, Herausgegeben und eingeleitet von H.-J. Heydorn. Frankfurt am Main, Köln.
Novy, Klaus 1978: Strategien der Sozialisierung. Die Diskussion der Wirtschaftsreform in der Weimarer Republik. Frankfurt am Main, New York.
Rawls, John 1979: Eine Theorie der Gerechtigkeit. Frankfurt/M.
Sassoon, Donald 1996: One hundred years of socialism. The West-European Left in the twentieth century. London, New York.
⇨ *Standardwerk, das einen sehr gründlichen und kompetenten Überblick über die Entwicklung der demokratisch sozialistischen Parteien, Gruppierungen und Diskurse von den Anfängen bis zum Erscheinungsdatum enthält. Die klare und sehr differenzierte Gliederung erleichtert die Erarbeitung auch von Teilbereichen des Themas. Behandelt werden alle relevanten europäischen Parteien und Gruppierungen.*

Schwan, Gesine 1975: Sozialismus und Demokratie.München
Selznick, Philip 1996: From Socialism to Commutatianism. In: Waler, M. (es): Toward A Global Civil Society. Oxford.
The Commission on Global Governance 1995: Our Global Neighbourhood. Oxford.
Vester, Michael 1989: Die Entstehung des Proletariats als Lernprozess. Frankfurt/M.

MIX
Papier aus verantwortungsvollen Quellen
Paper from responsible sources
FSC® C105338

If you have any concerns about our products,
you can contact us on
ProductSafety@springernature.com

In case Publisher is established outside the EU,
the EU authorized representative is:
**Springer Nature Customer Service Center GmbH
Europaplatz 3, 69115 Heidelberg, Germany**

Printed by Libri Plureos GmbH
in Hamburg, Germany